― 猫 ―

もしも生まれ変わることができたなら　わたしは山里の猫になる

細々と暮らす老夫婦の農家がよい

日がな捕るに足りぬ虫を殺め　腰曲がった婆さまに

いいお天気で、と　たまに鳴いてみたりする

もしも生まれ変わることができたなら　わたしは縁側の猫になる

息子たちにあいそをつかされた　頑固な爺と無口な婆の粗末で小さな農家がよい

わたしはそこで丸くなる

もしも生まれ変わることができたなら　わたしは都会の猫になる

時も素通りするよな路地裏がよい

毎夜　迷い込んだ千鳥足の飲んべいに　たまに鳴いてみたりする

もしも生まれ変わることができたなら　寿命まじかな灯がともる酒場がよい

幾多の夢もお化粧も　カウンターの端に追いやられ

あせた造花はミラーボールで目を覚ます

わたしはそこで丸くなる

もしも生まれ変わることができたなら　わたしは海辺の猫になる

鰯を丸ごと投げくれる　ポンポン船の漁師がよい

落ちてる鱗に鼻先こすり　無念だったなと　たまに涙をながしてみたりする

もしも生まれ変わることができたなら石崖にもたれた漁師の小屋がよい

凪の海は女房のせい　時化る海は俺のせい

寡黙に紫煙くゆらし網をつくろう膝のうえ

わたしはそこで丸くなる

もしも生まれ変わることができたなら　わたしは翼をもった猫になる

もしも生まれ変わることができたなら　わたしは夜空の猫がよい

お月さまの膝に抱かれて　果てない闇にむかって

わたしは　狼のように吼えてみたい

そうしてそこで

丸くなる

窓辺の猫嬢

わたくしは猫、名前はシェリー。
純白のふさふさ毛並みのブルーアイのペルシャでございます。
お気に入りの場所は、お庭を見渡せる一階の出窓でございます。
此処に来たころは、確かウエッジウッドの置時計と陶器のお花が飾ってありましたが、今ではパパ様の気遣いでございましょうか、出窓の両端に追いやられ、開いたスペースは、わたくしのリビングと化しております。

なぜそこがお気に入りと申しますのには、ふたつの理由がございます。
ひとつは、パパ様やママ様がわたくしを外に出したがらないこと。
もうひとつはわたくし自身が、あまり活動的ではなく、陽だまりでまったりすることを好むからでございます。

この南側の出窓の脇には細い落葉樹がありまして、真夏には適度な日陰になり、冬には陽だまりとなり、シーズンを通して大変居心地が好い場所なのでございます。
お庭は薄く芝が張ってありますが、背丈の短い落葉樹が数本植えられ、小さな池も掘られています。その脇には花壇があり、真っ白な塀際には、ちょうど水仙らしきの蕾が膨らみはじめました。
一足早く芝生の切れ目には野草でしょうか小さな青い花が満開になっております。

最近パパ様が出窓の斜め下あたりに、鳥の餌台を立ててくれました。
その工作物は、わたしにとって魅惑的な舞台でもございました。そこにしつらえられた、水浴び皿や餌皿に群がってくる小鳥たちのぴんぴんした動作に視線を注げられることは、猫としての本性を呼び起こさせる最も飽きない趣向でございました。

かといって、わたくしはパパ様やママ様をないがしろにして此処に居座っているばかりではございません。
夜中はソファアーの横に置かれた、竹で編まれたふかふかの丸い専用ベッドで眠り、朝方、ママ様にすり寄って目覚めのご挨拶をいたしますと、食事の時間でございます。わたくしのお皿にギュギュッと絞られた、このゼリー状のご飯の美味しいこと！

此処に来た当時は色んなものを出されて困惑したものでございます。
カンカンパカンとした入れ物から出されていた魚肉らしきものは得体のしれぬ雑味がしましたし、袋からバラバラ盛られたゴハンなど、カリカリゴリゴリ、粉っぽくて、情けなくて、涙がでてきました。もし今そんなモノだされたらきっと咽てしまうことでしょう。

そして、食事を終えたわたくしは廊下の突き当たりに設置されている、ヒノキの香りがする専用砂場で用を足してから、リビングに戻り、ソファアーにおられるパパ様の膝の上にそっと登って丸くなるのでございます。

運が良い日はそのままパパ様はソファアーで仰向けで眠ってしまうこともございます。
そうなった時はパパ様の丸く広いお腹の上でパパ様の鼓動を子守唄にして丸くなるのでございます。そういう恵まれた時は長く続いたりはしませんが、それでも、パパ様はそういう機会を作ってくれているようでございます。

一方のママ様のお膝の上もやわらかく温かいのですが、もう少しで熟睡できそうだなと思ったとき、不意に膝から降ろされたり、なにかと慌ただしく、のんびり長居もできません。惰眠はパパ様が一番だとわたくしは思っております。

ああ、それとパパ様とママ様と申しますのは、わたくしがお世話になっているお家敷の飼い主様のことで、当のご本人同士、パパ、ママと、日常的に互いにそう呼ばれているために、わたくしも、それに倣っているだけのことでございます。
もっさりとしたパパ様と、あっけからんなママ様という、両ご主人様の性格を熟知し、事前に察し、機敏に対応することは猫の最も得意とするところでございます。

まあそのような感じで朝方を過ごし、パパ様が、衣服を整えられ玄関を出られ、少し後からママ様もわたくしの頭を撫でてから、カチャリとドアーを旋錠させられるのでございます。その音を合図に、わたくしはのんびり出窓に向かうのでございます。

あとはそこで丸くなったりしながら、日がな一日をすごすのでございました。
わたくしは鍵っ子ならぬ鍵猫になるのでございます。それは猫にとって何よりでございます。

わたくしにとって、窓枠はスクリーンでそのお庭風景は心安らぐ日替わり娯楽映画のようなものでございます。お花を行きかう蝶たちはラブロマンス、虫たちが喧嘩をしているのは戦争映画、蛙を飲み込む蛇はホラー映画、カラスとヒキガエルの睨み合いは怪獣映画のようでございます。

陽だまりのような平穏を楽しめるのは、わたくしが内に居るからこそでございます。
そんな時、わたくしは窓辺のシェリーでよかったと、つくづくと思うのでございます。

*

今日はママ様が少し遅れて、どこかにお出かけになりました。
ママ様が日中にお出かけの時には、いつも紙袋をたくさんぶら下げてお戻りになられます。そうして袋からいろんな布物を、たいそう嬉しそうに床に広げられます。

多分、今日もそのようなことになりますでしょう。
わたくしは、広げた布の上を歩きたくなりますが、ママ様はそれを良しとされないので、それは我慢しなくてはなりません。

わたくしはいつものように窓辺でお庭の様子をうかがっておりました。
餌台に来た小鳥は毎度の雀ではないようで、目の周りが白い小鳥でしたが、わたくしに気づくとサッと飛び立ってしまいました。
仕方なくもう一眠りしようかしらと丸くなりかけた時、不意に悪寒が走りました！

いえ、悪寒と言うより嫌な予感とでも言いましょうか、いえ、猫の感と言っても差し支えないかもしれません。とにかくただならぬ気配が庭先から伝わってきたのでございます。最も窓が開いていればその音とか匂いで判別できますが、窓辺のシェリーといたしましては視力と勘に頼るしかございません。

わたくしは背筋を伸ばし髭を立てておりました…やはりでございます。
塀の辺りを見遣っていたわたくしの視界の端に、灰色の塊が映ってきたのでございます。
塀の端から姿を現したのは、わたくしと同類の一匹の大きな灰色の猫でありました。
その猫は塀の天辺をのっしのっしと歩を進めてきたのでございます。

わたくしは思わず胸中で顔をしかめておりました。と、言うのも、灰色と申しましたが、ビロードのような毛並みの灰色ではなく、汚れを隠すために塗り重ねていたら毛並みも痛み、ところどころ地なのか黒い縦模様がのこってしまったというような、何やら底辺を想わせる色合いと毛並みでございます。

その灰色猫は塀の中ほどで立ち止まり、毛づくろいを始めました。その途中ふとわたくしの存在に気づいたようでございました。
跳ね上げていた後ろ足はそのまま、わたくしを見つめてきたのでございます。遠目から見ても後ろ足裏やお腹辺りも薄汚れているのがわかりました。

顔の半分と耳の一部は黒色で、残りは灰色と言う、ハチワレ崩れの模様でございます。その眼つきには、なにやらさもしそうな鈍い光が宿っており、猫としての孤高の威厳も欠片も感じることができません。ただ身体つきは太く大きく、なにか暴力的は気配を漂わせております。

わたくしが、もしどこかで遭遇したならば、いったんは身構えますが、即、脱兎のごとく退散いたします。いや猫が脱兎と言うのは変でございましょう。猫の方が俊敏でございますから、猫兎とでも言いましょうか、とにかく関わりたくない風貌でございます。

わたくしの出生はペルシャという由緒正しき血統でございます。
今、目の前に相対している猫は灰色系、短毛長毛、色交じりで、パパ様の寝起きの髪の毛のように、ごちゃごちゃで毛並みもなにもあったものではございません、思うにそれは相当汗臭く不潔感が漂っていることでございましょう。

そんなわたくしの思いとはよそに、かの灰色猫はわたくしに向かって声をあげている
ようでございますが、出窓の密閉度は確かなもので、はっきりとは聞こえません。
まあ、ガラス越しである安心感もありましたので、わたくしは視線を合わしたままでお
りましたが、灰色猫は業を煮やしたように、不意に前のめりに身構え、塀からドスンと
飛び降りたのでたのでございます。
わたくしはアッ！と声をあげてしまいました。

身の危険を感じたからではございませんでした。
塀際で、やっと咲き掛けたの水仙の茎が数本折れております。何と言う粗暴な猫で
しょうか、それぱかりか、そのまま庭の芝桜や花壇に野菜畑まで踏みつけ、出窓め
がけて、まっすぐ縦断して来たのでございます…わたくしであったら、塀際やお花畑
の縁を歩きます。自然界の同じ生きものに対しては猫としての無欲の配慮が働くか
らでございますが、かの猫のふてぶてしさから察するに、どうやら本物の野良猫であ
るとわたくしは確信いたしました。

出窓の直下に居るのか、姿は確認できませんが声だけは聞き取れるちかさでござい
ました。
「出てこいよ」と、誘ってきたのでございます。

なんですって？どうしてでございますか？誰が見ず知らずなアナタさまと！と言うの
が正直、胸中の声でございまして、わたくしは無視をしていたのでございますが、灰
色猫は飽きもせず、わたくしを誘ってきているようでございます。

どうせなら、窓辺の直下から離れて、顔が見える場所で誘うとか、ガラス戸にジャンプして掻き毟るぐらいの熱心さがあればまだしも可愛いいものの、この灰色猫は自分が居る場所の不都合さとか、工夫とか、なにか脳内が足りてない様子でございます。
得体のしれない粗末なものを食したり、風雨にさらされたりしていると疲弊して地に落ちるとはこういうことで現れてしまうのでございましょう。

わたくしは、なにか可笑しくなってきたのでございます。
灰色猫の次の行動も読めてしまいます。そのうち、窓辺の直下から抜け出し、痺れを切らしたように、小鳥の餌台に飛び乗ってくることでございましょう。そして、小鳥のエサ皿を蹴落とし、水皿の水を一口舐めて、また性懲りもなくわたくしを誘ってくるに違いありません。

案の定でございました。
灰色猫は出窓の下から姿を現し、わたくしを見あげてから隣の餌台に気づき、ひょいと飛び乗ったのでございます。最初から餌台目指してくればよいものを、いったいこの灰色猫は塀の上からどこの何を見ていたのだろうと思ってしまいました。
わたくしの姿しか目に映っていなかったら、そのような猫は全くわたくしにとっては論外でございます。一点しか見えないから野良になるべきしてなったのでございましょう。

わたくしは背筋を伸ばし、窓外にある餌台の灰色猫を無言で見下ろしておりました。
餌皿はとっくに地に落ちております。

灰色猫は水皿のなかに前足を浸けたまま、「きれいな毛並みだね」とか「なまえは」とか「遊ぼうよ」とか「窓を開けてくれ」とか「外に出られないのか」と言っている声がガラス越しに聞こえてきたのでございます。

妙に馴れ馴れしいその声を聞き流していたのでございますが、わたくしは、そんなことより、そのように目脂や薄汚れた毛並みは、どのようにしてそうなるものかと、ぼんやりそこだけを見つめておりました。

必死に声をあげ続けていた灰色猫は、わたくしが無反応なことで、ひと呼吸おくかのように、水皿に浸かっていた足を引き、その水皿の汚れた水をペチャペチャ舐めはじめたのでございます…わたくしは思わず身を引きました。
なんでも口に入れる野生の狸かと目を凝らしましたが、やはり猫でございました。
わたくしは全く異種の生きものを見た思いでございます。

そして、わたくしはうっすらと、出窓からのお庭の風景が汚染されてしまったような、不快な心持ちになったのでございます。
これ以上、この灰色野良猫と相対していても何も得ることはありませんし、苛ついて餌台にマーキングでもされたらたまりません。
長居は無用でございましょう。

わたくしは、自身の真っ白なシルクのごとき毛並みと、優雅なロングテールを見せつけるかのように身を反らし欠伸の振りをして、(ここはあなたが来るような場所ではございませんことよ、さっさと出て行きなさい)とばかりひと睨みして、出窓から床に飛び降りたのでございます。

わたくしが窓辺から嫌な風景を見たのは初めてでございました。二度と現れないことを念じつつ自身のベッドで丸くなったのでございます。
そして、ベルベッドヘアーとゴールドアイの黒猫貴公子の夢を見たのでございました。

＊

翌朝、昨日の灰色野良猫のことが記憶に残ってしまうのは同類の獣としての性で,
どうしょうもございません。
心底に、もしや今日も…と、さざ波を立たせながら、餌台に来た小鳥を眺めていると、
その小鳥が不意に飛び立ったのでございます。
不安的中でございました。

塀のはしから灰色猫がのそりと現れ、当然のように水仙の上に飛び降りると、なにやら、青い小花の咲いている切れ間辺りの匂いを嗅ぎ、砂をかきはじめたのでございます。

わたくしは嫌な予感が致しまして目を見開いていると、灰色野良猫はクルリと背を向け用を足しはじめたのでございます！
あろうことか、灰色猫は、わたくしのお庭をテリトリーにしようとしております！
「なんてことを！」
玄関口で見ず知らずの他人が糞尿していたら、どのような気分になるか、わたくし自身が汚されたような思いでございました！

此処に来た当時、ご主人様たちと数回お庭にお供をいたしておりましたが、それ以降は室内猫としても充分満足しておりました。
それはこの塀に囲まれた敷地内すべてわたくしのテリトリーである事実認識するのに事足りましたし、本来のわたくしの穏やかさを好む性質がごく自然に窓辺の猫で満足させていたのでございます。

ところがこの野良と言ったら、わたくしが見ているのを承知で、勝手にマーキングばかりか排便まですませ、しれっと餌台に飛び乗ってわたくしを見つめているのでございます。全くもって、最たる屈辱以外何物でもございません。

わたくしはチンチラ系と違い、鼻筋の通った真正ペルシャ猫でございます。ふんわりした毛並みに隠れておりますが、その骨格は中型猫で太く頑丈でございます。
遮っているガラスさえ無ければ、飛びかかって一撃くらいはくらわせる自信はございましょう。けれども、このようなものと争うようなことは内なるプライドが許してはくれないのでございます。
争いの先に幸せは無いという理念は永年にわたって受け継がれてきたペルシャ猫の王朝の誇りでもございます。

なんだか、灰色野良猫が通りすがりの汲み取り車に見えてきたのでございます。
わたくしは尾をだらりと落とし、冷ややかな視線を向けておりました。

すると、その灰色野良猫は餌台から声をかけてきたのでございます。
「もうほかの猫は来ないから安心しナ～！」

わたくしはエッ？と耳をそばだてました。確かにそう言ったのでございます。
わたくし胸中砂利を噛むように呟いておりました。
誰が不安だと申したのでしょう、誰が来てくれと頼んだのでしょう、今目の前におられる、あなたの存在自体が不快でございます！

いったいこの灰色猫はなにを勘違いしておるのでございましょうか。
わたくしは今ほど窓辺のシェリーであることを恨めしく思った瞬間はございません。
この窓ガラスの欠片を脳天に突き刺してやりましょうかと見遣りましたが、とうの灰色猫の瞳は糖尿病のように淀んでおり、このまま視線を合わせていたら、わたくしのブルーアイまで伝染しそうで身震いをしたのでございます。つきあっていられません。

わたくしは身をひるがえし床に飛び降りたのでございます。
そうして隣の和室に移動し、床の間で丸くなりつつ思ったのでございます。

あの灰色猫はこれから毎日あそこで用を足すに違いない、水仙も他の花壇も踏みにじられあの青小花たちは小便で枯れて、糞入りの砂の下敷きになってしまうことでしょう。それに、餌台で遊ぶ鳥も警戒して寄り付かなくなるかもしれない。あの出窓とお庭の風景ほどわたくしに相応しい場所は無かったのに…嗚呼、もはや、あとの祭りでございましょうか……
わたくしは涙をポロリと落としたのでございます。

＊

三日目、朝からパパ様はソファーでうたた寝されはじめたのでございます。
どうやら今日がご主人様の在宅の日のようでございます。わたくしは勇んでお腹に飛び乗り今日一日中ここで丸くなっていようと考えておりました。
あの灰色野良猫は朝っぱらから塀の隅でわたくしが窓辺に現れるのを、いやしい眼つきで今か今かと待っているに違いありません、誰だって朝から不快なものなど見たくもございません。

ところがそんな日に限って、玄関のチャイムが鳴りました。
パパ様はわたくしをお腹から降ろして玄関に向かわれました。何やら作業着っぽい人と出窓辺りでお話しされています。

少し経つと出窓に脚立が立てかけられなんとガラスが外され始めました。
わたくしの出窓に何するつもりでございましょうか？わたくしは気が気ではありませんでしたが、食事の後でございましたから、ついうっかり熟睡してしまいました。

わたくしが目覚めたのはパパ様の手で抱きかかえられたからでございました。
パパ様は耳元で（良いのができたぞ）と囁きながら窓辺にわたくしを置かれたのでございます。

窓辺の異変はすぐ気づきました。
土や草花や樹々の香りとその風にわたくしは包まれたのでございます。
台形に張り出した窓辺の正面だけが網戸仕様になっております。

わたくしは網戸に鼻先をこすりつけるようにして、お庭の大気に身を委ねた後、パパ様に向かってお礼のひと鳴きをいたしましたところ、パパ様とママ様は互いの顔を見合わせ笑みを浮かべておられます。
わたくしをお引き取れる方はこう言った細やかな愛情あふれるお方でないといけません。わたくしは幸せものでございます。

新たな窓辺では新鮮な外気に触れられることができますが、一点だけ眉をしかめることがございました。それは、あの灰色猫の糞尿マーキングの匂いも混ざっているということでございました。
わたくしがヒトの言葉が喋られましたら、塀際の惨状と灰色野良猫のことを何とかして下さらない？と頼むことは出来ますが、しょせん無理な発想でございましょう。

その日中は出窓作業の慌ただしさで、さすがのあの灰色野良猫は姿を現すことはございませんでした。しかし野良猫に昼も夜もございません。ましてあの灰色野良猫は雄でございます。

夜中にうろちょろするのは男に決まっております。猫の世界もそれ然り、ヤクザの地回りが如く縄張り内を監視するばかりでなく、少しでも拡大しようと遠出までいたします。
これからあの灰色野良猫は必ず夜中にも訪れ、執拗にマーキングをすることでございましょう。それをしないときは猫を辞める時でございますから、致し方ございません。

そう申しているわたくしだって、此処に来てご主人様に手術してもらうまでは、特に桜が満開になる頃は、脳内で子宮が茹であげられ沸騰しているような熱く切ない気分になり、夜な夜な雄を求めて泣き叫んだ記憶がございます。その状態は雄と交あうまでは収りがつかないのです。だけど、いくら猫族の本能だとはいえ、ペルシャも雑種も平等に、なんて、よくぞ神様はそんな単純粗暴な生理を与えてくれたものだと思います。

あの灰色野良猫は、縄張り内の目ざとい女を囲っておきたいだけでございましょう。今までは硝子窓でしっかりさえぎられておりましたが、網戸になった今、何か対策を考えておかないといけません。
どうせ伸びっ放しの爪でしょうし、あの我体でございます。油断すれば網戸なんて突き破ってくることは容易いことでしょうし…網戸仕様の出窓は嬉しいものの、灰色猫と肌を触れ合うような遭遇は絶対に嫌でございます。

わたくしはパパ様のご厚意と善意の網戸と、わたくし自身をも、ペルシャ猫の誇りにかけて、粗暴な灰色野良猫から守りきる対策を講じなければなりません。
わたくしは丸くなって思案することにしたのでございます。

＊

昨夜はつい熟睡してしまいましたが、目覚めたらふわっと妙案がすでに浮かんでいたのでございます。そのへんは同じ猫でもペルシャ猫の思考の回路は静かな環境を好むせいでもありましょうが、常時せせらぎのように作動しております。
雑種などはその場限りの本能で、鶏と一緒でございましょう。
すなわち（相手に勝利するためにはまず相手を知ること）これが浮かんできておりました。

あとは簡単でございます。
かの灰色野良猫はわたくしの脳内辞典に記載済みでございます。
『灰色野良猫は不潔で単細胞にて粗暴かつ低知能、昼夜の徘徊、ゆとり無しが特徴である』

網戸を破られる前までにやるべきことがございます。
少々の我慢と忍耐が必要でございましょうが、異臭や外見には目をつむり、事典を読んで捲って行くつもりで相手と相対し、丸裸になった状態にすることでございます。
その結果、おのずと答えが導かれるということでございます。
その為には、わたくし自身印象に囚われない冷静な視点が必要でございます。

例えば、あの猫のことを灰色野良猫と呼んでいるのも、見た目の印象だけでございました。
ああは見えても、意外にもよその飼い猫かもしれませんし、灰色と黒の縦模様は和猫のなかで血統として存在しているのかも知れません。

まあ、実際そうであったとしても、色が混在し尻尾も短く、とっ散らかった毛並み模様の猫なんて、位的にはわたくしペルシャやシャムよりはるか下でございましょうし、認めるなんてもっての他でもございます。
そこまで考えましたら、灰色野良猫の登場は、嵐で庭が荒れ狂っていた光景以来の余興だと思えば、それはそれで、密かな楽しみにもなってきたのでございます。

朝食を済ませ、軽やかに窓辺に飛びますと、パパ様は忠実なるしもべのように硝子戸を引いて、網戸だけにしてくれました。
本当に気配りができるご主人様たちでございます。さすがは産婦人科のお医者様でございます。さぞや妊婦さんにも好かれていることかと思います。たまにアルコールの匂いがしますが、なにか清涼感を感じられ慣れましたし嫌いでもございません。
ママ様からも、まれに同じ香りがする時がございます、多分ご主人様のお手伝いをされていらっしゃるんじゃないかと想っております。

さて、かの灰色野良猫がやって来たのは、網戸工事の警戒心からかお昼前頃でございました。
早速、新たな水仙の茎をつぶし、同じところで平然とマーキングをすませ、餌台に飛び乗ってから、やっと出窓の異変に気付いたと言う間抜けさでございました。

「あれッ、ガラスじゃないの？」
塀の上からでも見て嗅げば判る、と、言うものでございます。
わたくしは静かに諭しました。
「網戸ですから、大きな声を出さなくても普通にきこえます」

途端、灰色猫は目を輝かせ、餌台の端から身を乗り出し、今にもこちらに飛び移ってきそうな気配がございます。

「言っておきますが、この網戸は夏に向けて風通しと、わたくしが野外の雰囲気を体感できるよう配慮して、パパ様が作ってくれたものでございます。
間違ってもアナタとお喋りする為ではございません。そのことは勘違いなさらないでください。くれぐれも飛びかかって爪をかけるようなことをされたら、わたくしは二度とこの窓辺に姿を現しません。それをご承知のうえでお話をお続けたかったら、どうぞ」

灰色猫は腰を落とし、なんだと言う眼つきになった。
「そうしたら、そっちだって、外が見られなくなるじゃないか」
「いいえ、三階にも眺めのいい出窓がございますし、天窓の下もとても快適でございます。此処じゃなくてもわたくしは構いませんことよ」

灰色猫の尻尾がバタリと餌台を打った。
「だからさ、外には出ないの？それとも閉じ込められているの？どっちなの？」
灰色猫は、早くも苛ついてきたようでございます。恰好だけじゃなく口のきき方も粗暴になってくる予感がいたします。

「どっちでもございませんわ。わたくしはペルシャ猫でございますからして、それに、ア…汚れるのがいやでございます」
わたくしは思わず（アナタさまのように汚くなりたくないです）と、言いそうになってしまった。この場は相手を早々に不愉快にしては趣向が長持ちいたしません。

「別に土の上じゃなくても、塀とか、そこの石の上だったら、汚れないだろ。出てくればいいじゃん。網戸なんて爪を引掻けて引けば簡単に開いちゃうよ」

「わたくしの言ったこと聞いてませんでした？わたくしは屋内を好むペルシャ猫だって申しましたが、ペルシャ猫ってご存知でしょ？」

灰色猫は眼をなんどか拭ってから、眼を瞬かした。
「詳しくは知らないけど知ってるよ、聞いたことあるし…そんなんどうだっていいじゃん」

猫の開いた口はふさがりますが、わたくしのブルーアイは見開いたままでございました。
(知らないけど知っている一どうだっていい)と返してきました…わたくしどもは猫の女王と呼ばれるほどの位でございます。ペルシャ猫と聞けば、たいていの猫は、ああそうかペルシャ猫なら仕方ないなって、一目置いて、納得理解してくれそうなものでしょうが、どうやら、この灰色猫は無知な真正のお馬鹿さんのようでございます。
わたくしは、とりあえず目尻を拭いながら、鼠でも食せられるように噛み砕いて伝えることにいたしました。

「わたくし、屋内を好むペルシャ猫のシェリーという名前です。出るとか出ないの前に、まずは身分を明かし、慣れて打ち解けることが大切でございましょ。
わたくしは、あなたのこと何も知りません。おっしゃっていただくのが礼儀じゃございませんでしょう？」

不法侵入も付け加えたかったのですが、それは野良猫にとって意味をなさないので省きましたが、此処まで丁寧に申せば、あの気難しいヒマラヤンの雄だって、気高いシャムだって頷くものと、灰色猫を見ておりましたら、なんと、この猫。餌台一杯に身体を伸ばして、大欠伸をかいたのでございます。
そして目脂交じりの眼をトロンとさせ、わたくしの問いを投げ捨てるように呟いたのでございます。

「オイラは三軒隣の農家で、名前はモップ。種類はサバ…なんとからしい。そんなん、全部オイラが決めたわけじゃないから、どうでもいいけどサ」

あら……！
わたくしは　この灰色猫を初めて食い入るように見つめてしまったのでございます。
野良猫だと決めてかかっていた、この灰色猫は飼い猫で、住処も名前もあったのでございます。

しかも三軒隣の農家って、長いなまこ壁が続くお屋敷のことでございましょう。
車に乗せられて外出時には必ず前を通っていた覚えがございました。
わたくしとしたことが、素性を見誤るなんて、なんとしたことでございましょう。

途端、脳裏に描いていた印象という文字片が、ポロポロ抜け落ちていくような気分になり、わたくしは少しばかり焦りを覚えたのでございます。
「…和猫のサバトラ、ハチワレタイプでございましょうか？」と、ついお伺いするような口調になってしまったのでございます。

その辺の微妙な口調の変化を察したのも、やはり猫でございましょう。汲み取り車猫、否、灰色野良猫、否、モップとやらは異丈高に答えたのでございます。
「ナンダ、よく知ってるな」と、耳元をバリバリ掻き始めました。その抜け毛が水入れに浮かんでおりますが、わたくしは気を取り直さなければいけません。

「わたくしどもペルシャは猫の女王と呼ばれております、猫社会のことは把握しておく必要がございます。たしか、こちらの和猫も最近は米国辺りでジャパニーズボブテールとかで認定されたという覚えがございます」

「ワハッ！ジャパニーズボブテールだって、ククッ、そんなン、ごろごろ居るぞ、だったら、そこらの野良猫、ぜ～んぶ面倒見てくれって言いたくなるぜ、で、他に何か聞きたいことある？」

「お家の農家って、あの白ナマコの壁の家でございましょうか？」

「そうだけど、あの白ナマコの壁は只の土蔵だよ。蔵たって、農機具だけで、大した物なんて入ってないけど、夏は涼しいからオイラあそこでよく昼寝してんだよ。
そうだ、あそこだったら、広くて快適で、毛も汚れないから、そこで遊ぼうよ、どう？」

いったい、このモップとやら猫は何を考えているのでしょう。
交わりたいだけというのが本音でございましょうが、土窓からの景色は最高だよ、とか、土蔵のなかは探検すると面白いよ、とか、面白い虫がいっぱいいるぞ、とか、雌猫を誘うための繊細な心配りがまったく欠落しておるようでございます。

とはいえ、このような流れになったのは、モップの予想外の素生の見誤りに一歩引いてしまっていた、わたくしの油断のせいでもありましょう。
ちょっとでも気を許し、万一土蔵にでも出かけたならば、覆いかぶさってきて首筋を噛まれ腰を振ってくるに違いありません。

この会話の流れはモップのペースに嵌っていくような予感がしてきましたので、わたくしはモップの視線をさけて、傍らの白磁のウエッジウッドの置時計を見つめておりました。

その艶やかで冷めた白磁は無言のうちに、わたくしに冷静さを促してきたのでございます（あなたは窓辺のシェリー、英国バーミンガム、スペンサー卿宅の血筋を引き、今は、遠く離れたとはいえ、名だたるお医者様のお屋敷のペルシャ猫ですよ。相手は位の低い農家の雑種にすぎません。単に新たな窓辺の風景の一部に過ぎませんよ）

そうでございました。予想外であったとはいえ、焦ってはいけません、雑種の血は濁って赤黒ことでございましょう、それに性根も貧民と同じで打たれ強いと申します。
ペルシャの血は澄んだ真紅でございます。染まってしまえばペルシャではなくなることを意味します。

長く話していても、貧相な長屋住民の井戸端会議的になりそうな予感がしてきましたし、そんな場に染まってしまうのは好むところでもございません。
わたくしはモップに向かって例の偽欠伸をしてこう告げたのでございます。

「もう，眠くて仕方ありませんの、今日はここまでにいたしましょうネ」
「オイオイ、随分勝手だな、それは無いだろう」

わたくしは、追いかけてきた声を無視して、さっと、床に飛び降りたのでございます。
（勝手と言う、お言葉はそのままお返ししましょう……）
わたくしは、自身のベッドで穏やか気分で、丸くなったのでございます。

＊

朝、目覚めますと、ひんやりとした気配がございました。
窓辺に上がるとやはり細かな雨が降っておりました。
猫は雨天は好みませんが、今日朝のような雨は、ガラス越しに眺めているだけで心の内がしっとり濡れてきまして、物静かな気持ちになれて嫌いではございません。

わたくしの血統の祖先は和猫がはびこるこの国ではないのでございましょうが、この雨の風景に浸っておりますと、雨に滲んだレンガ造りの街並みが脳裏に浮かんでくることがございます。
そんな時は、窓辺でそっと目を閉じたりするのでございました。そして、人恋しいというか、猫恋しくなる時もございました。

かのモップも、さすがに雨の日は出歩かないと見えて姿を見せておりません。
塀際の花壇はモップに踏み荒らされながらも、水仙は三輪だけは無事花を咲かせております。青い野草はちょうど散り際なのでしょうか、モップの糞尿のせいなのか、しょげ返っております。

マーガレットの白い花々も玄関ポーチを取り囲むように咲き始めた様子でございます。
これからの時期、パパ様もママ様もお庭に出られている姿をよく拝見いたします。
ガーディニングの最中、モップのマーキング場所に気づかれ手直しなさるでしょうが、
なにせ、あの、モップのことでございます、性懲りもなく、場所を変えてもマーキング
は続けることでしょう。
うちの庭はすでにモップの縄張りとなっていることに異を唱えることの無意味さは、雄
猫の性質上わたくしも受け入れるしか手立ては無いのでございます。

昨日まではモップに荒らされるお庭を守るすべはなにかないものかと思っておりまし
た。しかし、今日朝のわたくし、窓辺のシェリーはなんだか落ち着いた気分でござい
ます。

雨のせいもございますが、侵入した猫が野良猫で無かったということと、もうひとつ、
わたくしの身に妊娠の心配は不要であったことが、昨夜、ふっと浮かんできたのでご
ざいます。わたくしとしたことが…で、ございます。

それに、そのモップの素性を除けば（ナンダ普通の猫じゃない）という感じでございま
す。
モップと遭遇して四日目にして早ではございますが、猫の眼は云々とか申しますよう
に、まあ、慣れが成してきたのでしょう。
もし、眼の前にずぶぬれになったモップが現れましたら、少なからず情を抱いてあげ
てもいいのかなとも思っておりましたが、モップにも雨に打たれるほどの度胸も無い
のでございましょう。

ソフアーでお茶を飲んでおられたママ様の声がしました。
「シェリーは、いつもそこで、何考えているの？」

わたくしは返事代わりに耳がピクリと動いてしまいましたが、わたくしは、只々、小雨そぼ降るお庭の微細な自然変化に五感を傾けているだけでございます。何のことでございましょうか？と振り返り、声代わりにママ様の笑顔をぼんやりと眺めてさしあげました。

犬族とかは、主人への忠誠心を積み重ね、樹の年輪のような一生を終えるのでございますが、わたくしども、猫族はその場限りの皮をめくり捨てて玉葱のような一生を終えるのでございます。猫の本芯はその皮一片毎にすべてがあり、いくら捲って探ろうとも、本質なる芯は見えてこないのでございます。

努々も猫の本質を知ろうなんて学者さまは一生を棒に振ることになりましょう。
我がパパ様やママ様のような穏やかな気配りに喉を鳴らせられれば、それ以上もそれ以下もございません。
ただし、私ども玉葱にも、新玉葱もあれば、不揃いもありましょうし、腐りかけた玉葱もありましょう、どれが誰とは申しませんが、性格だけは存在し、おのずとその性分も違ってくるのでございます。

と、お庭を振り返ると、なんと塀の端からずぶぬれのモップの姿があるではありませんか！まさに、腐りかけた玉葱のようでございました。

モップは塀の天辺から早々に飛び降り、身を屈め足早に餌台の下に飛び込んできたのかと思うと、ブルブルと雨粒を飛ばし、そこで見繕いをし始めたのでございます。

雨粒から逃れたい一心で身を屈めたのか、屈んでしまったのか、どちらなのか知りませんが、その耳を伏せた地を這うような恰好が大変面白うございまして、つい、わたくしの髭がヒクついてしまったのでございます。
雨が強くなって気配ぐらい猫だったらわかりそうなものなのに、まったく、モップは昨日と同じように今日もお馬鹿さんのようでございます。

想った通り、雨脚が急に強くなってきました。
餌台は座布団ぐらいの大きさですが、屋根代わりにするには狭すぎます、モップのところにも雨が降りこんでいる様子で、わたくしを覗き仰ぐ隙もなく、その姿勢を変えるたびに、濡れた雑巾の切れ端のような尻尾だけ動き回っているのは、哀れすぎて見ておられません、と言っても、眺めていても仕方ありません。

雨粒が硝子戸を叩きはじめ、その冷えを感じたのを機に、わたくしは窓辺から降りたのでございます。自身のふかふかベッドで丸くなりましたが、わたくし自身にも雨粒がかかっているようで、変に気持ち悪く、毛を舐めまわして眠りに入っていったのでございます。

窓辺のしっとりした雨風景さえ曇ってしまったのも、あの、お馬鹿なモップという変な猫のせいかもしれません。

そういえばモップって言う名前の由来はなんなのかしら、と、わたくしは熟睡に落ちていったのでございます……

*

昨夜の雨が嘘みたいなほどの快晴でございます。
早速窓辺に駆けあがりますと、出かけ前のパパ様が硝子戸をあけてくれました。
網戸越しのお庭の地面から、温かそうな湯気が立ち上って、朝ご飯のような香りがいたします。

わたくしは思わずお空を仰いでおりました。普通は足元か周囲に目を配らしているだけの生きものでございますから、お空を見あげるなんて、心にゆとりを持てるペルシャのわたくしぐらいのものでございましょう。
何処までも飛んで行けそうな、ひさかたの雲ひとつない青空でございます。

今日はモップにどうしても聞いておかなければいけないことがございました。
それは朝方ふっと湧いてきたことでございます。
猫社会、いえ、生きものにとって最も重要な意味をもつことでございます。
わたくしは避妊手術を受けている身であった事に昨日気づいたのですが、かのモップはそこら辺りはどのような状態になっているのだろう？ということでございます。

モップは飼い猫でありましたが、あの素行からして、まだまだ、本能の赴くままに生きているように思われます。

避妊や去勢手術は猫の胴体を切り離すようなものでございまして、後は顔手足と尻尾だけで淡々とした日々を送るだけの猫となりましょう。
わたくしのように観賞に耐えうる絵画のようなペルシャ猫としてはこれで充分ではございます。が、モップとはこれから否が応でも向き合っていかなくてはいけないのでございます。

もし、モップが去勢済みであれば、わたくしの猫キック一発でしょんぼりしましょうが、未去勢であれば、いつ豹変するかもしれません。そうなったときはわたくしも身を守るため、窓辺の網戸も花瓶のお花もウエッジウッドの時計も飛散し破損するほどの立ち回りをしなくてはいけません。

さらに、室内まで入り込んできたら繊細なガラス調度品、真っ白な皮張りソファー、レースのカーテンなど、お洒落なリビングルームがどのような状態になってしまうか想像したくもございません。
わたくし窓辺のシェリーといたしましては、なによりも安堵感が大切でございます。それに、こんな、青天の朝でございます。胸中、いい案配の風を望んでおりました。

塀の端からモップがいそいそと現れたのを見止め、ちょっとテンションがダウンいたしましたが、モップの毛並みとその色が気のせいか小奇麗になっているようでございます。そのことがいい予感の前触れであったら、それはそれで、結構なことでございましょう。

多分、昨日どしゃ降りで、濡れ雑巾になってきたモップを見かねたお家の人が、きっと、ドライヤーを当て、ブラッシングでも施したのでしょう。

それでも、汚れが目立たなくなった程度でわたくしどものロングヘアーに及ぶほどの見栄えはいたしません。二三日すればまた元通りの汚れた毛並みと相成っているのでございましょう。

美的意識とか感覚はモップにはないのか欠落しているのか、はたまた、モップの灰色と黒の配色というのは粗野な性格を見越したものであったら、それはそれでお見事なデザインでございましょう。

当のモップはマーキングを軽く済ませると、軽快に餌台に飛び乗ってきたのでございます。
「今日はいい天気だナ」

言われなくても分かります。
「今日は、いつもよりサッパリしていらっしゃるわね」

「ああ、昨日この下で雨が止むのを待っていたけど、跳ね返りで泥だらけになっちまって、そのまま帰っていたら、寝起きに無理やりお風呂場に連れて行かれちまった。水は嫌だねまったく」と、後ろ足を跳ねあげると、股間辺りを念入りに舐めはじめたのでございます。

今、ここでやることでございましょうか。わざわざ、わたくしの前に出かけてきて、そんな、はしたない恰好を見せつけるなんて、と、わたくし、少々ムッと致したのでございますが、朝から晴わたったせっかくのお天気でございます。
「清潔な毛並みは好感もたれますわよ」

「そんなもンなのか、でも、どうせ長続きなんかしないし」

そのあたりは、よく自覚しているようでございます。
「ところでモップさん、ひとつお聞きしたいことがございます」

「なんだよ」と、うずくまり、目を伏せました。なんだか眠そうでございます。目脂も今日はありません。多分お風呂場でのひと騒動でお疲れのようでございます。

「わたくしはもうずいぶん前から妊娠しない身でございますが、モップさんは現役でございますでしょうか？」
「ン？まあ、お嬢はそうだろうナ、オイラも実は去年そうさせられたんだ、全く余計なことをしてくれるよ、そのせいか、なんだか人生に張りが無くなってきたよ」

モップの返答は意外でしたが、去勢されていれば、無茶はしないだろうと、わたくしは内心ホッと致しましたが、ひとつ気になった言葉がございました。
「そのお気持ちは察しますわ、でも周りが猫だらけになることを考えれば、受け入れて暮らすしかございません。わたくしたち際限のない猫ですもの」

モップは眼を閉じたままつぶやきました。
「だな、オイラも隣の雌猫に手を出しちまって…二年連続じゃあ、さすがに主が怒鳴り込んでくるのもしょうがないけどさ、今は、やることと言ったら、もっぱら、縄張り内の見張り位だし、なんだか線が細くなっちまったようだったけど、お嬢には出逢えたからな……」

わたくしはさらりと聞き返したのでございます。
「そうでございますか。それはそうと、オジョウってなんのことでございましょうか？」

モップは耳をピクリとさせ、薄目を開けたのでございます。
「ヘッ？お嬢って解んないの？お嬢はお嬢、お嬢様ってことだよ」
「わたくしのことをお嬢さまと？」
「当たり前だよ他に誰が居るの？」
「だったら、さまを略さないで、お嬢さまっておっしゃればいいのに、オジョだなんて、わたくしシェリーをシェって呼ばれたみたいですし、なんか乱暴に聞こえますわよ」

モップは身を起こすとウ～と背を弓なりにして目を見開いたのでございます。
「ったく、アンタは女王様でお姫様でお嬢様でございまスッ！と。オイラはこれでも敬意もっているつもりさ。じゃあ、もう、これからはシェリーって呼んでいいか？」
「わたくしもモップさんてお呼びしていますもの、それが普通ではございませんか、お嬢なんて呼び捨てみたいじゃありません？」

「わかった、じゃあそう呼ばさせてもらう。ところでシェリーは幾つなんだよ？」
「わたくしは七年目でございます」
「ナンダ、オイラと同じか、だったらさん付けは止めてよ、気持ち悪いから」
「そうおっしゃるのであれば、そのように努力は致しますけど……」

どう説明したらいいのでございましょう。モップが望むように対応し始めたら品位とか品格がなし崩しになっていくような気がいたしました。そのことをどのように伝えたらいいのか、迷ってしまい、言葉を濁してしまったのでございます。

「努力も何も、オイラはモップ以外なにものでもないからナ」と、餌台からヒョイと飛び降り、そこで、眼を拭い背伸びをし、わたくしを仰ぎ見て声をあげたのでございます。
「オイラ帰るわ、ほいじゃナ」

「あら…」
自分から先に帰るなんて、どうなされたのでしょう。多分、相当お風呂場で暴れすぎた結果、いつもの惰眠の時間が不十分で眠くなっただけのことでしょうが、モップがスタスタと塀から消えるのを見送ってお庭を眺めていたら、不意に取り残されたような気分になってきて、なにかしら腹立たしくなってきたのでございます。

わたくしは窓辺から降り、自身の丸いベッドで目を閉じたのでございますが、モップが発した、お嬢という言葉が、どこか棘のように刺さっていたのでございます。
敬意とはそんな気軽に略せられるものでございましょうか。

その夜は、脳裏にモップが発したオジョーという響きのなかに、なにか軽蔑という文字が交互に浮き沈みしはじめて、なかなか寝付かれなかったのでございます。

＊

今日朝も、澄み切った青空でございます。
お庭の草花も樹々の葉もキラキラ照って、わたくしを窓辺に誘ってくれます。
餌台では灰色っぽい鳥が、長い尾を揺らしながら、餌台に新たに置かれた果物を食しているのをそっと覗いておりましたら、ふいに飛び立ってしまいました。
初めて現れた鳥でしたのでもっと見ていたかったのですが…仕方ありません。

塀の端にモップの姿が見えました。
いつものマーキングを済ませモップが不意に歩を止めました。そして、お池に向かって身を低くしたのでございます。池の流水口のごろた石の隙間には一匹の蛙が住み着いております。モップはそれを狙っているのでございましょう。

「モップ！その蛙はダメですよ」
モップは振り向きざまに言いました。
「ちょっと遊ぶだけだから」

猫が遊ぶとは、動かなくなるまでいたぶり回し、決して牙で止めを刺さないところが、まことに卑劣で残酷に思われても仕方ございません。けれども、わたくしのお庭の小動物はわたくしが心を寄せる大切な風景の一部でございました。

「ダメです。手を出したら、わたくし戻りますよ」
片方の耳だけはこちらを向かせておりましたが、わたくしが一声高めると、名残惜しそうな表情で振り返りつつ餌台に飛び乗ってきて恨めしそうな表情を見せたのでございます。

「オイラたち、猫じゃないか。朝の運動にちょうど良かったのになア」
「運動の為に命まで奪わなくてもいいじゃございませんか？」
「シェリーも外に出たら、そうするって。猫なんだから」
「…ちょっと手で触れてみるぐらいはね、でも、その程度でございますわよ」
モップはニヤニヤしてわたくしを見つめ「だといいけどネ……」と、首をバリバリ掻き始めたのでございます。

こういうところでございます、小馬鹿と申しますか、卑下したような態度が、このモップには最初から見受けられました。それも昨夜寝付かれなかった要因のひとつでもございましょう。

わたくしはモップが素直であるという感情を心底から抱いたことがございません、ああ言えば、こう言う。の繰り返しだけの会話をもって素直さとは思えられなかったのでございます。

「シェリー。こういう庭もいいけど、オイラの縁側も広くて、こんな晴れの日はポカポカの床暖房みたいになってるし、庭だってここよりウ～ンと広いから面白いよ」
「あら、どのように面白いのかしら？」
「だって、あんなちっちゃな蛙じゃなくてでかいのが居るし、蛇も鶏も犬もいるし、腰の曲がった奴だっているぜ」
「家にも蛇はいますのよ。で、腰の曲がった奴て何でございましょうかしら」

モップはククッと笑った。
「だから、オイラの飼主のうちの婆さんだよ、腰がウンと曲がっちゃってさ、歩く姿見ているだけで、ハラハラドキドキで、スリル満点で案外面白いもんだよ、この前なんか、笊持ったまま転んじゃって、栗の実が庭中に飛び散って、オイラ思わず飛び出して、大興奮しちゃった」
「飼主ってご主人様でしょ、じゃあ婆さん、じゃなくて、お婆様じゃございませんか、変な動物みたいな言い方、失礼じゃありませんか、それにモップが飛び出たって、栗の実にでしょ」
「オイラにとっては同じだね。動くか動かないか、だけ」

「転んだご主人様のことは心配じゃございませんでした？」
「しょっちゅう転んでるから、別に」

わたくしだったら、取りあえずは駆け寄って大丈夫？って、一声かけるフリをするでしょうが、どうもモップの日常には、思いやりとか敬意とかいう観念は、本当に希薄なのか、まったく無いなのか、それとも、わたくしの前では、そう見せかけているだけなのでありましょうか……

お日さまの陽が餌台を照らしはじめました。
モップはわたくしの眼下の餌台で、丁寧に前足を折りたたみ大きな我体を丸くしております。薄眼でお庭を見下ろしているだけなのか、眠りかけているのか分かりませんが、わたくしが見ている前でくつろぐつもりのようでございます。

わたくしが目前で接した猫は、モップが初めてでございました。他の猫のことは分かりませんが、和猫とは大体このような性質でございましょうか……

陽の温かさでモップはすっかり態勢を崩し、後ろ足一本だけ伸ばしきって、熟睡し始めております。侵入者の寝姿に眼を奪われている、わたくし自身もつまらなくなり眠気を催してきましたので、窓辺から降り立ち、一筋の陽が差し込む自身のベッドで丸くなりました。

モップは目覚めてわたくしの姿がなかったら、どう思うのでございましょうか。

きっと、背筋をひとつ伸ばし、大欠伸でもして、塀に駆けあがるのでしょうが、最初の頃はあれほどしつこく誘ってきたのに、今日のモップは何やら、わたくしのお庭にくつろぎに来ただけのように、眼つきも言葉もその強引さがトーンダウンしておりました。

わたくしは幾分、拍子抜けでございますが、朝目覚めて今日一日をどう過ごすかなんて猫は考えませんから、モップも本能のまま縄張り内にマーキングに来たついでに、興味半分にわたくしと世間話をしただけなのかもしれません。
その辺りは、わたくしには測れませんが、そう考えると、わたくしはモップにとって、単に通りすがりの猫だったのかしらと、なにやら寂しさを覚えるのでございました。

＊

朝からパパ様の膝の上で丸くなっています。
この柔らかな素材の感触はいつもの室内着に間違いありません。ということは、今日は一日中お家に居られて、わたくしもソファー辺りでくつろぐことが多くなります。
とはいえ、お庭のことが気になり窓辺に飛び乗ってみると、早速パパ様が硝子戸を引いてくれました。
朝なのに外は薄暗く、霧のような雨が舞っています。

リビングの奥にあるテーブルからベーコンと卵の匂いが漂ってきました。
「シェリー、頂くか」その声に振り向くと、ママ様が細いグラスに赤いお酒を注いでおられました。
シェリーはパパ様の愛飲するお酒の名前のようで、わたくしの名前も多分そこからか、と、勝手に思い込んでおります。

朝からのシェリー酒で今日の団欒確定でございます。
あれを嗜まれると、パパ様は上機嫌になってわたくしをしつこく弄ってこられますが、
度が過ぎるととても不快な気分になってしまうのでございます。

それでも、大事なご飼主様でご主人様でもございます。爪を立てたりはいたしません。
スルリと抜け出します。もう、その辺のあしらいは、もうシルクのように滑らかに手慣れ
たものでございます。
いずれにしても、今日はパパ様の辺りをうろちょろするのを控えめにいたしましょう。

わたくしは窓辺で毛並みを整えておりましたら、塀の上にモップの姿がありました。
霧雨が気になるのかしきりに身体を振っております。

わたくしと視線が合うと、一旦背伸びをしてストンと庭に降り立ちましたが、水仙の葉
を避けるようにして餌台に近寄って来ました。わたくしに気を使ったのではなく、単に
葉っぱが濡れているのが気になったのでございましょう。
一昨日、あれほど雨に打たれて懲りたはずなのに…

「モップさん、本降りになったら、又、ずぶ濡れになってしまいますよ」
餌台に乗ってきたモップはわたくしの尾っぽチラ見して、フンと笑みを浮かべたよう
な表情をしたのでございます。
「どうしたの？シェリー。今日はなんだか優しいじゃないか」

どうやら、わたくしの尻尾はよくいらっしゃいましたと、揺れていたのでございましょう。

それは、歓迎の意思表示で自覚は無くと猫の反射神経のなせること、認めざるを得ないのでございます。その辺をどうしたものかと、わたくしは毛並みを整え始めたのでございます…内心まだまだ和猫と同等だとは認めているわけでもございません。

視線の端っこに、餌台で小首を傾げこちらを見ているモップの姿がございます。
「あなたに逢えてうれしいわけじゃございませんよ、単なる、ちょっとした気遣かっただけですから、勘違いなさらないでくださいね」

「別に、猫は正直だからナ」
サラリと返したモップのなんでもないよという表情とその視線に耐えられず、わたくしはなにを思ったのか、サッと床に飛び降りてしまったのでございます。

床から振り向きますと出窓ガラスに雨のしずくが流れております。さっきのわたくしの歓迎の仕草もすべて、流してくれないものでございましょうか。
なぜ勝手に尻尾が揺れたのか と、自身の反応に腹立たしくなってきたのでございます。
そのくせ、床をウロチョロしながら、胸中、呟いていたのでございます。
(もう～、また、雨で濡れますから、早くお帰りなさいナ)

いつものように、直ぐに自身のベッドで丸くなる気持ちになれず、(窓辺のシェリーは一体どうなされてしまったのでしょう……)そんな事を呟きつつ和室へと歩を進めておりましたが、心ここにあらずでございます。
わたくし、こんな気持ち、ず～と前に経験したような気がいたしました。

そうでございました。鳴き声は発しませんが、発情期の頃もこんな感じではなかったかと……

わたくしは、和室の天井を見あげたり、窓の外を覗いたりしておりましたが、和室の薄暗さで、胸中のさざ波も穏やかになり、そのまま、床の間の座布団の上で、丸くなってみたのでございます。座布団からは冷えた雨の匂いがいたしました。

「シェリー、晴れたぞ！」
不意なパパ様の声で眼を見開きましたら、そのまま抱き上げられて、お酒臭い口を寄せられてこられました。

「シェリー、たまには、庭で遊ぶか？」
わたくし（お庭遊びも、お酒の臭いも嫌でございます。今はそんな気分ではございません）と、身をよじって腕から抜け出し、リビングの出窓に飛び移ったのでございました。

さっきまでの重ったるい氷雨は何処かに去っておりました。
陽に照らされたお庭の緑は瑞々しくキラキラと輝いて見えます。
その景色に眼を細めておりましたら、餌台の下からモップが顔を覗かせたのでございます！

どうやらあれからも、ずっと此処に居たようでございます。
わたくしを見とめたモップは勇んで餌台に飛び乗ってきたのでございます。

モップはわたくしが心配してたほど濡れておりません。餌台の下でじっと丸く耐えていたのか、わたくしが眠っていた間に照ってきた陽のせいなのか、その毛並みにも水っぽい艶がでて、葉っぱと同じように照っているようでございます。

「そこに、ず～といたのかしら」
「そうだよ。オイラ今日の天気はすぐ晴れるって思ってたからね」
「なぜでございます？」

モップはお髭をピンと張って言いました。
「だって、朝、西の空は明るかったからな、そういう日は大丈夫」
「お天気って、そんなものでございましょうか」
「そんなモンだよ。マア、家に閉じこもってたら判んないんないだろうけどネ」
「それって、わたくしのことかしら」

モップは、さあな？とわたくしをチラ見して笑みを浮かべてました。でも、その素直すぎる笑みが、憎たらしいところでもございます。

「だから、オイラ雨でも雪でも案外気にしない。まッ、そうしないといけないって言うのは有るんだけどナ」
「縄張りでございましょうか？」
「マッ、そんなとこ、最近オイラの縄張りに変なヤツが出入り始めて、ちょっとばかりな…」と、塀の方を振り向き耳をピクピクさせました。

「その雄猫は、お強いのかしら？」

モップは四股を踏ん張るように屈伸し、首を振るかのごとく言い放ちました。
「ヘン、大したことは無いよ。ただ、性懲り無く顔を出しているから、それが気に食わない」

「わたくしはいつもこうして居るだけでございますから、気楽なものでございますが、雄猫って大変でございますね。モップさんの縄張りってどの位のものでしょうか？」

モップは前足を折り揃え、わたくしをじっと見つめました。
「ああ、農家だからナ。畑や田んぼであったとこが病院や駐車場になってから、なんか、よそ猫が勘違いして出入りするようになってから、慌ただしくなっちまった」

「あら？病院ってわたくしのご主人様の？」
「ああ、そうだよ。あそこの建物はもともと麦畑だったし、駐車場は田んぼだった。でも、今度また、隣の畑も借りて、なんか、老人なんとかを造るみたいだぜ、でもさ、地面がコンクリートになっちゃうと定期的に洗浄されちゃうから、マーキングする回数が増えちゃうんだよ、土だったらじっくり浸み込んでくれるからいいんだけどさ、全く忙しくなるばかりだよ」

わたくしは話を聞いているうちに、モップをまじまじと見つめてしまいました。
パパ様とモップのご主人様が、そのような関係であることや、病院の敷地とか老人なんとかとか、わたくしの家に関することでございますのに、わたくしは今まで全く知らなかったのでございます。

モップのマーキング効きめ話よりか、わたくしの立場からすれば、パパ様の病院に関する出来事やモップのご主人様との関係なんかぐらい頭に入れておかなければみっともないことでございます。

「ということは、お家とモップさん家の関係って、どのような感じなのかしら」
「そりゃあ、オイラ家が地主だってことサ。シェリーのご主人様も、最近図面みたいなものを持って、よく家に上り込んでいるよ。アルコール臭いのが難点だけど、愛想はいいご主人様だよナ」
「ジヌシってなんでございます？」
「エッ、何にも知らないんだナ。地主って、土地とかを貸している方のヒトのことだよ」

わたくしのご主人様の病院施設は、モップのご主人様より貸りている…そう理解した途端、わたくしの胃の底、いいえ誇りの底が、一段抜けたかのように落胆したのでございました。さらに面白くない言葉もございました。

「わたくしのご主人様のお膝に乗ったということでございますが？」
「そうだよオイラ、猫だから、でも、シェリー、乗って撫でられただけだから安心しな。丸くはなってないからな、薬臭いし…ナ。そいで、お礼にと、老人ホームの図面の上に寝転がってあげたら、即刻、ペンされちまったハハッ」と、呆気からんと言い放ったのでございます。

わたくしは軽い嫉妬を覚えておりました。モップは決して、端麗な美顔ではなく、ハチワレの肩片の黒色が鼻の上にせり出していて、無愛想な強面と同居しておりますが、わたくしには間抜け面に見えてしかたありません。

そんなモップもヒト様の前では、どうやら愛嬌をふりまける猫のようでございます。

わたくしは家のご主人様以外のヒトに抱かれたこと等ございません。
最も遭遇さえする機会も欲していなかったからではございましょうが、モップの話題は初耳のことばかりでございました。内容は勿論、未知なる言葉も所々にございました。

世情に対しての気後れ感がさざ波のように押し寄せ、わたくしは又、胸中の気後れ感を取り繕い始めたのでございます。

視線をあげると、モップが餌台をゆするかのように大きく背筋を伸ばしきって、トロンとした表情を見せて声をあげました。
「フアー～、オイラ、ちょっと、駐車場行ってくる」と、ストンと飛び降り「じゃあナ！」と言って塀の向こう側に消えてしまったのでございます。

わたくしは放置されたような気分でございましたが、なぜか、ホッとしたのでございます。
窓辺を降りたわたくしは自身のベッドで静かに丸くなりました。
眼を閉じて、モップの知識と話題の豊富さと自身の頭のなかを覗いてみましたが、日々の食事と家のご主人様とお家の庭のこと以外、外界のことは、なにひとつございませんでした……
わたくしは更に丸くなるしかございませんでした。

＊

今日朝からご主人様たちは普段着でございました。
わたくしは、お食事を頂き窓辺で丸くなって薄眼でリビングを眺めておりましたが、パパ様とママ様は、お二人で昨日のように赤いシェリー酒を挟んで朝食を始められました。

どうやら今日もお仕事はお休みのようでございます。かといってわたくしを一日中かまってくださるわけでもございません。朝昼晩と一回づつ、気が向いたときお膝に抱っこして下さる程度で、後はご本を読んだり、四角い箱の中の絵を見られて笑ったりしておられます。たまにお庭に出て、お花を植えたり、芝を刈ったりなされることもございますが、今日あたり、モップのマーキング辺りに気が付いて手直しして頂きたいものでございます。

ご主人様たちは朝食を終え、ママ様はキッチンで洗い物や何かの料理の下ごしらえを始められ、パパ様は新聞を読み終えた後、わたくしを窓辺から降ろすと、わたくしの顔の前に、鳥の羽のような物をぶら下げ、左右に振りはじめられました。

匂いからすると、本物の小さな鳥の羽でございますが、一応、猫でございますから眼で追うだけでは本能が許してくれません、二～三度、手を振り上げますが、糸を握っている手先も気になり、それもパパ様が操られているのは、とっくに解っておりましたから、子猫じゃあるまいし今ではさほど興奮も致しませんし、そのうち、面倒が先に立ち、わたくしは窓辺に飛び移ったのでございます。

お庭の隅々まで見渡しましたが、モップの姿はございませんでした。

今までは窓辺にわたくしが来るのを待ちかねていたタイミングで現れていたのに、今日は一体どうしたのでございましょう？
最近病院の駐車場が忙しいと申しておりましたので、そちらを優先にでもしたのでございましょうか？
わたくしはお庭の観賞もそこそこに丸くなってしまいました。

目覚めると、お部屋にシチューの匂いが充満しておりました。すでにお昼のようでございます。わたくしも窓辺から降りて食事をいただくと、もう一眠りと再び窓辺に飛んでみますと、塀の端っこにモップの姿が見えました。

わたくしは背筋を伸ばし尻尾を振って、声をあげました。
「どうしたの今日は？遅いじゃありませんか」

モップは無言で塀の中ほどまでやってきました。そして飛び降りるのかと思いましたら、何やら塀際の地面を見回し、足踏みしたり、なにやら躊躇している様子でございましたが、意を決したかのように飛び降りたモップは、そのままぐにゃりと転がってしまったのでございます！

どうしたのでございましょう！
…わたくしは眼を見開き、その姿を見守っておりました。
立ち上がったモップは後ろ足を引きずりかげんで餌台に近寄ってまいりました。

「その脚、どうなされたのですか？」
モップは上の餌台とわたくしを交互に見あげております。

「ああ、一寸ばかしナ、油断しちまった」と、その場で血が滲んでいる後ろ足辺りを深く執拗に舐めはじめたのでございます。モップが負いた姿は初めてでございました。

「餌台に上るのご無理ですわよ。お止めに無ったほうがよろしいですわ」
「このぐらい何のこともないさ、平気だよ」と、餌台に飛びのっては来たのでございますが、一瞬だけ顔を歪めたことを、わたくしは見逃しませんでした。

「それで、喧嘩は勝てたのかしら？」
「勿論だよ。それに喧嘩じゃない、縄張り争いだから…」
「縄張りって、どうしても必要なんでございましょうか？」
「シェリーもそこに居るから言えるんだよ。オイラたち雄猫はそうも言ってられないンだよ、縄張りがあってこそだから…無かったら、しょっちゅう喧嘩だ、猫の世界なんてそんなモンさ」

それは雄猫だけの世界ではと、心の中で思ったのでございます。
「そんなものでございましょうかしら」
「そんなモンさ、仕方ないよ…」
「わたくし、猫じゃなくてもいいと思う時がございますのよ」

モップはわたくしを見てポツリと呟いたのでございます。
「それも猫……」と、うつ伏せると、寂しげに眼を閉じたのでございます。
その眼蓋の傷跡からも血が滲んでおります。
鮮血というものが、お庭の風景のなかに映りこんできたことに、わたくしはなにやら不穏な心持を抱いておりました。

モップが現れて以来わたくしの窓辺の風景は確実にモップの背景のようになってしまいそうな予感が致してきたのでございます。

その主人公は紛れもなく、眼の前で傷を負っているモップでございましょう。
少し前でありましたら、(そんな傷跡でわたくしの風景を汚さないでくださいな、他の場所で癒してくださいませんか)などと、口にしていたことでしょうが、もし今、ここに他の雄猫が来たら、手負いとはいえモップのことでございます。
傷ついた身を顧みず立ち向かうのでしょうが、雌猫である窓辺のシェリーと致しましては、ただ傍観している他ございません。
今の状態を見ていると、そのことが心配でございました。

「ねえ、モップ。自分の土蔵で癒されていた方が安全ではございません？」
「わかっている。だけど、此処の方が陽当たりがいい、もう少しだけいいか？」
「そうでございましたか、じゃあ、わたくし窓辺から塀辺りを見張っておりますから、ここで少し眠って行かれた方がいいですわ」
「ああ、そうさせてもらう……」

モップは慎重に体を丸めて、ふう～と素直に眼を閉じたのでございます。
素直にというのはわたくしがそう感じただけでございましたが、モップのその寝顔を眺めているうち、不覚にも、わたくしも窓辺で丸くなってしまったのでございます……
目覚めた時にはもうモップの姿はございませんでした。

モップに眼を閉じないわと口にしたのは猫の戯れのようなものでございましょう。
わたくし窓辺のシェリーと言えど一介の猫でございます。

見張り番の約束には無理がございました。

負傷の身でありながら、わたくしの寝姿に無言で立去ったモップに、午後の陽のような優しさを感じてしまったのはなぜでございましょうか…今頃、モップは土蔵で念入りに傷跡を舐めておりましょう。

わたくしの身体には傷跡どころか毛の抜けた跡もございません。つくづくと育ちの環境を想うのでございます。それでも最初にモップと遭遇した時のような、区別差別の意識は胸中には見受けられなかったのでございます。

わたくしは傷を負ったモップが心配なのか、モップが傷を負ったから心配なのか、なんだかわかりませんが、モップの傷を想い、そっと丸くなったのでございます。

＊

目覚めましたら、のんびりとした空気が漂っておりました。
いつもなら慌ただしくママ様は動き回り、パパ様も新聞に目を通し、すぐに背広に着替えられ出ていかれるのですが、今日朝も昨日のようにのんびりテーブルでくつろいでおられます。その会話の中に何度もゴールデンウイークという言葉が出てきて、わたくしの方をチラチラ見ておられます。何かわたくしと関係あるのでございましょうか？

窓辺でお庭を眺めておりましたら、すぐにモップがやってきました。

さすがに昨日のように直接飛び降りるようなことはせず、前足で塀壁を押さえながらずり落ちるように地面に降り立ちました。痛めた後ろ足も幾分回復したのか、餌台に飛び乗っても平気な表情でございました。

「よくなったようでございますね」
「ああ、昨夜は、母屋に行かないで土蔵ず〜と寝てた」と、早速、念入りに毛づくろいを始めたのでございます。そういう時に声をかけられても、頭に入らないのが猫でございます。が、モップのおでこあたりに固まった血痕がどうにも気になって仕方ございません。

もしもわたくしが連れ添うような間柄でありましたら綺麗そっくり舐め取って差し上げるのに…いえ、あの傷を舐め取りたい！という雌猫の欲求のような心境になっていたのでございます。

もし、わたくしが昨日のようなモップの状態になったら、ご主人様たちは大慌てで治療し、変な薬を飲まされ、数日間はゲージに閉じ込められっぱなしになること間違いございません。

でも本来わたくしどもは、どのような病気になったとしても、出来ることはひとつしかございません。
ただ、じっと動かないで傷口を徹底的に舐めあげたり、身を清潔にして安静にし回復を待つのみでございます。病院で治療されなくとも、遅かれ早かれ、それで、大値は治癒していくものでございます。

多分、わたくしなどは、怪我でもしようものなら、一目散にご主人様の元に駆け戻るでしょうが、どうやらモップはわたくしと違い、自身に何か起こった時、ご主人様の前にその姿を露わにしたくないタイプのようでございます。

昨日あれから、モップは、独りで土蔵の中で泥のように眠っていたのでございましょう。
毛づくろいを終えたモップは「ああスッキリした！」と、背筋を伸ばしました。

「ねえ、モップ。家のご主人様たちがゴールデンウイークって言葉を何度も口にされていたけれど、なんの意味かしら、ご存じ？」
「ゴールデンウイーク？多分、今がそんな日だよ。仕事のお休みが続く日のことだよ。連休ってやつさ、オイラ家なんか見知らぬ大人や子どもたちがいっぱい集まってて、べたべた触られまくられるの嫌だから、昨日も母屋の団欒には近寄らなかったよ、治る傷も治らないし」

「そう、お休みが続く日のことなのね、そういうのってわたくしに何か関係ありますこと？」
「ヘッ、なんで？」
「ゴールデンウイークって言うたびにわたくしをチラチラ見られていて、なんか、嫌な気持ちじゃございません」

「ン？」
モップは尾っぽを立てて、眼を見開いたのでございます。
「あのさ、ご主人様たちは、どっかに出かけるンだよ。で、シェリーをどうしょうかって話をしてるんじゃないのかな、多分そうだね」

「まさか、ご主人様たちに限って、そんなことはいたしませんわ。わたくしは愛されておりますのよ独りになんて……」
「愛されていたって、猫なんか一緒に連れて行ってくれないよ。直感で生きてるンだから、どこ行っちゃうかわかんないし、犬のように戻れないし…忠誠心なんてゆうのもサ」
「いいえ、わたくしは何処に行っても、ご主人様たちのお傍から離れませんもの、そんなことあり得ませんわ」

モップはわたくしから目を逸らし、ため息交じりに呟いたのでございます。

「シェリーはさ、いつも独りで窓辺に居るだけだろ。これでもオイラはご主人様の朝昼晩の団欒時には、必ず傍に居るんだよ、それ以外は地回りかねて外に出かけたりしてる。だからヒトの言葉に接しているし、その意味も何となく分かってくるようになった。ほんのちょっとした動作でもね、例えばご主人様が押入れからゲージを取り出したら、オイラどっかに連れて行かれるなって、その場から逃げるしさ…
シェリーは優しく扱われていそうだけど、普段から外界というか、ヒトと接してなさすぎるよ。だから判んないだろうけど、ご主人様はヒトだから、ヒトの都合ってのもあるんだよ。猫に構ってばかりいる訳に行かないのさ。
オイラが予想するには、ご主人様たちはこのゴールデンウイークにどこか遊びに行きたいんだよ、で、その間、シェリーをどうしようかって相談をしていたに違いないよ」

「あら、わたくしをどうしょうかって、どういうことかしら？」

「オイラも一回あったけど、ペットショップに連れて行かれて、狭いゲージの中で数日間過ごしたことがあったけど、外に出られないし、餌も違うし、ご主人様も来ないし、なんだか不安でね、まあ、数日後には家に戻れたからよかったけど、このままここでなんて思うと、すげえ不安だったね、多分シェリーもどこかに預けられることになるから、覚悟しておいたほうがいい」

「絶対嫌ですわ、そんなの。わたくしご主人様たちがお出かけになっても、此処で独りでお留守番していますから、ゲージに閉じ込められっぱなしなんて……」

「それは、オイラたちが決めることじゃないよ。飼われている身だから、ご主人様を信じて、身を委ねるしか仕方ないじゃない。放っぽり出されて、野良になるよりましってもンさ」

わたくしはモップの言うような状態になった場合のことを思い描いてみましたが、自身が佇んでいる姿が浮かぶばかりで、ご主人様を待ちかねてとか、独りの寂しさとか不安とかの感情は全くございませんでした。その辺はわたくし自身もアレッ？と思ったのでございます……

モップは餌台の水を舐めて毛づくろいをしております。その口元の髭はわたくしのように整然としておらず、四方勝手な風で太くたくましさがございます。その前足の太さからして、さぞや大きく分厚い肉球となっているのでございましょう。その堅固そうな頭の眉間の傷跡はまだ昨日のままになっております。
傷を負ったら、ご主人様の傍に駆け戻るというようなことはしないのでございましょうか？

わたくしであったら一目散に舞い戻りますが、どうやらモップはそのあたりが違うようでございます。モップという猫の自負が許してくれないのでございましょう。
外界に身をさらしておりますれば、そのような自負や思慮も自然と身に付くのでございましょうか…

わたくしは、雌猫ですから、モップのように外界を闊歩して逞しくなりたいとは努々思ってもおりませんが、それでも、なにかしら日々新しい発見にも遭遇できて楽しいのではないかと、想ってしまうのでございます。
そんなことを思っておりましたら、不意にモップは餌台から飛び降り、顔をあげました。

「オイラ、チョッと出かけてくるから」
「どこにでございますか？」
「アイツが、また出しゃばって来てるかもしんないからナ」と、塀の向こうに姿を消しました。

アイツとは、多分、けがを負わされた他の猫のことでございましょう。
最初の頃は雄猫は無粋な乱暴者だと嫌悪感を抱いておりましたが、わたくし実は、さっきのモップとの会話の後で、お腹辺りがほっこりしていたのでございます。(チョッと出かけてくる)(どこにでございますか？)なんて、なにか夫婦の会話のようでございますが、確か前回もそんなような言葉を残して去って行きましたが、なにやら、わたくしのお庭はモップにとっては縄張の一部にすぎないのかもしれませんが、わたくしも、今まで視界に映る窓辺の風景すべては立体的な創造を巡らして、わたくしの縄張りのつもりでございましたが、、外に出て地上で実際に体現していたわけではございません。そんな風なことを思っていましたら、こうして、いつも、窓辺で見送っているだけのわたくしの存在は、なんだか猫の単なる置物のように思えてきたのでございます……

今頃、モップは侵入者と争っているのか、他の雌猫とじゃれ合っているのかは分かりませんが、また新たな体験や発見をしているのでございましょう。
わたくしは、モップとの距離感は縮まっていたと思っておりましたが、接するほどに離れていってしまうような、一抹の寂しさを覚えてしまったのでございます。

このままでは、わたくしは、何かの折に和猫サバトラのモップに世間のお伺いを立てる、窓辺のシェリーとなってしまいます。ペルシャがサバトラにと、それだけは避けなければと、思っておりましたら、なんだか、気疲れして眠くなってきたのでございます。

わたくしは窓辺から降りて、自身の丸いふかふかベッドで丸くなったのでございます。
そうしていたら、ペルシャだってわたくしは雌猫だし…なにも無理して…と髭をピクピクさせつつ、深い眠りに陥っていったのでございます。

＊

朝の食事を頂き、窓辺に駆けあがりますと、パパ様がゲージを手に近寄ってこられました。
「シェリー。少しの間ペットホテルで辛抱してくれ、ナ」

そのゲージはわたくしの匂いがあり覚えがございますので暴れたりなんかはいたしませんでしたが、ああ、モップが言っていた通りになったのだと、観念し身を任せるしかございませんでした。

連れて行かれたのは、パパ様の病院の敷地内にある、覚えのある動物病院の奥のお部屋でございました。広めのゲージが壁際に三段ずらりと並んでいて、真ん中あたりのゲージに移されたのでございます。

右隣りにはキジ猫。左隣には潰れた鼻のエキゾチックショートが不愉快そうな表情でわたくしを見つめてうずくまっております。正面壁際の下の折の中には、数匹の犬が、上の小さなゲージにはウサギやハムスターが閉じ込められております。
部屋の中は数種類の匂いが混ざりあい、すえた獣臭となって咽そうでございました。

わたくしはお外が見えない密閉されたお部屋でいつまで過ごさなければならないのかと、不安で仕方ございませんでした。
出されたお食事は両隣はカリカリでございますが、わたくしだけはいつものゼリー状の鯛味でございました。きっと、ご主人様のご配慮でございましょう。

犬たちは決まった時間に外に連れられておりましたが、わたくしたち猫やそのほかの小動物は、閉じ込められたままでございました。
もっとも、戸が開いていたら、わたくしたちも他の小動物も一匹残らず脱走し、二度とここに戻ることもございませんでしょうから、それは致し方ないことでございましょう。

隣のハチワレもハナツブレも騒いだりせず（しょうがないよナ）と半ば諦め、その環境を甘受して丸くなっているだけでございました。

結局、わたくしはペットホテルならぬ、隔離部屋で、三昼夜、向かいのハムスターがくるくる回っているだけの風景をぼんやり眺めたり、丸くなったりして過ごしたのでございます。

ご主人様たちが迎えに来られた時はさすがにホッといたしまして、腕の中で喉をグルグル鳴らしたのでございますが、お家に入った途端、その腕を蹴って、勇んで窓辺に飛び移っていたのでございます。

しばらくモップを待っておりましたが陽が落ちてきて、わたくしはそっと窓辺から離れ、自身のベッドで毛並みを整え始めたのでございます。
自身の匂いしかない空間こそ安楽のペットホテルでございます。

わたくしの姿がないことを、モップはどう思ったのでございましょう、それは明日のお楽しみでもございました。

毛並みを整え終わったわたくしは眼を閉じましたら、脳裏で、あのハムスターがクルクル回り始めてしまったのでございます。わたくしは髭をピクつかせ、ハムスターを追い払うと、更に丸くなり、安堵の眠りに落ちていったのでございます。

＊

翌朝、ご主人様たちはまだゴールデンウイークのようで、リビングのテーブルの上に並べた、置物らしきを挟んで笑みを浮かべられ談笑されておられますが、わたくしにはどうでもいいことでございまして、窓辺に飛び乗ったのでございます。
すると、塀の上に姿を現したモップはわたくしの姿を見止めるやいなや勇んで餌台に飛び乗ってきたのでございます。

「どうしてたの？居なかったじゃない」
「ご主人様たちは旅行で、わたくしはペットホテルでございました。嫌ですわあんな処」
「そうさ、オイラたちにとっては牢屋だから」
「本当でございますね。わたくしたち犬じゃございませんしね。ところで、モップさん、わたくしの姿が無かったこと、少しは気になって下さりました？」

モップは首筋をバリバリ掻きながら答えました。
「当たり前だよ。いつもの風景と違うからナ」

いつもの風景？そうでございました。わたくしが窓辺から眺めているお庭の風景は塀の上から眺めているモップの風景でもあったのでございます。なんだか互いが認め合っているようで、わたくしはロマンチックな気分になったのでございます。

「じゃあ、お庭の風景のなかで一番先に眼に留まるものって、何でございますかしら？」
「ン、シェリーだろうね」
「わたくしは以前は餌台の小鳥でございましたのよ」

「今は違うだろ？」
「ハイ、残念ながら、モップさんに代わってしまいました」
「そんなの当たり前じゃん。同じ種族だから気になるさ」

モップのおかげで餌台に小鳥が気軽に来れなくなっていたことを、含みを持って伝えたつもりなのでございましたが、気にするほどのことでもございません。
それより、先ほどからモップが眼を何度もしばたかせていたのが気になりました。
注視すると、眼もと辺りに新たな傷がございました。

「モップさん、その傷はどうなされたのでございますか？」
「昨晩、野良とやりあったからな。ちょっと油断しちゃったんだ、大したことないよ」
「雄ですから、仕方ございませんでしょうが、程々になさったほうが…」

モップは眼を見開いてわたくしを見つめました。
「縄張り守るためには、程々ってのは命とりなんだよ。特に野良なんかは図々しいし、遣りたい放題になっちまう。オイラの縄張りには弱い猫もいるしな…」
「でも、その眼もとの傷、眼が霞みませんか？」

モップの苦笑いは照れのようでございました。
「チョッとね。でも、大丈夫このぐらい、よくあることだし」と、モップは餌台から飛び降りると、わたくしを見あげて声をあげました。
「こんなこと話してたら、縄張りが気になってきたじゃないか。チョッと回ってくる」

餌台から飛び降りた着地の様子がぎこちありません。きっと目元の傷のせいでございましょう。

わたくしは一抹の不安感を覚えながら塀に向かうモップの背を追っておりました。
そのモップは塀の天辺めがけて飛びあがったと思いきや、天辺で足を滑らせるような格好のまま向こう側に降りたのかと思った瞬間でございました、「ガシャン！」という何かが塀にぶつかったような衝撃音が響き渡りました。
パパ様とママ様は弾かれたように窓辺に駆け寄られ、庭先を一瞥すると、踵を返してお外に飛び出されたのでございます。

わたくしは窓辺で全神経を集中させて塀を見つめておりましたが、塀の外からパパ様とママ様のせいだ来声がきこえるだけで、いったい何が起こっているのかはこの窓辺からは、はかり知ることは出来ません。ただ、モップが飛び降りたこととは無関係でありますようにと願っておりましたが、玄関口に戻られたパパ様の腕の中には、ぐったりとしたモップの姿がございました！

わたくしはリビングのドアーを注視しておりました。
戸が開きパパ様は抱いていたモップをママ様にゆだねると、自身の携帯を取り出されました。
ママ様は片手で床にバスタオルを広げそっとモップを横たえました。
わたくしはモップの傍に駆け寄ったのでございます。

だらりと横たわっているモップの眼は閉じられており、身体のあちこちに毛は血に染まっているではございませんか！

わたくしはこのような場に遭遇したことは一度もございません。
どうしたらいいものか…取りあえずわたくしは横たわったモップに五感を集中させて
おりました。そうして、あらゆる傷口の匂いを嗅ぎ、反応を確かめようと手足に頭を押
し付けておりましたところモップの髭先がブルッとわずかに揺れたのでございます！

わたくしは、そこに確かな命を感じたのでございます。
思わずわたくしは血に染まった部位を舐めはじめていたのでございます。
すると、傍らのママ様が「あら、シェリーは優しいんだね」と、わたくしの頭を撫でてこら
れましたが、その掌が邪魔でございました。

頭上からパパ様の間延びした声が聞こえます。
「ああ、〇〇君か、ゴールデンウイークなのに悪いが、一寸、家に来てもらえんかね。
いやうちのシェリーじゃないんだが、よその猫が玄関先で自転車にはねられたらしく
さ、今家の中に運び入れたところさ、そう、傷を負ってぐったりしてる。眼を閉じてるん
で、ちょっと心配なんだよ。いや、それが、病院の地主さんの猫でさ、だろ、放っとく
訳にもいかんしね。そうなんだよ、ウン解ってるって、じゃあなるべく急いでな、頼む
よ」

家のご主人様たちは優しい方でございます。家の玄関先で事故に遭ったことが不幸
中の幸いでもございましょう。わたくしは無心に傷口を舐め回していたのでございま
す。

自己中な猫にだって、執拗に寄り添う愛というのがございます。
石を投げつけられようが、棒で打たれようがその場を決して放棄など致しません。

雌猫の本能がそうさせるのでございます。こうしていれば、いつか目覚めてくれるはずだと涙腺に変わって胸の内で涙を流してくれるのでございます。
わたくしは時々ぐったりとしているモップの表情とその眼を覗いながら、猫の涙を流し、延々と舐めていたのでございます……

＊

ご主人様たちは、なにか朝から慌ただしくお出かけになりました。
どうやら今日からお仕事の様子でございます。わたくしは朝食も口をつけた程度で自身のベッドで丸くなりました。

再度目覚めたのはお昼過ぎでございました。
わたくしは久しぶりに独り静かに窓辺で佇んでおります。

昨日、あれから、モップは、あのペットホテルのお医者様につれていかれたのでございましょう。モップがどうなるのかが気になって、ご主人様の足元で鳴いてみたり致しましたが、わたくしの不安が解消する訳でもなく、なぜか食事の量を増やされるばかりでございました。

わたくしは尋ねるのを諦め、自身のベッドで頭がお腹に食い込むほどに丸くなったり、手足がちぎれるほどに伸びきって眠ろうとしましたが、なかなか熟睡にまで至りませんでした。なんとか寝付くことができましたのは冷蔵庫の音が響き渡る夜半過ぎでございました……

早起き鳥が一羽、お庭の餌台飛来しておりますが、身を乗り出すほどのことでもございません。
モップは今どんな状態なんでございましょう……
わたくしの脳裏も胸の内も、そのことで一杯でございました。

わたくしは猫、名前はシェリー…と始めた最初の頃、接するのも憚れるような猫をわたくしは昨日、舐め続けていたのでございます…それは数週間のうちに慣れ親しんでいた証なのかと胸の内に問いかけてみますが、そればかりじゃないようでございました。現にわたくしはモップの容態を心配しながらも、反面ではホッとするような温い満足感に浸っていられたのでございます。
わたくしペルシャのシェリーはサバトラのモップに魅かれ始めたのでございましょうか…

今までのわたくしは窓辺から外の世界はすべて私考の中だけ眺めてまいりました。
それは文字だけの文庫本のようなものであったのかも知れません。
ところがある日、あるページから挿絵が現れ、それが徐々に幅を利かせ、いつのまにか小説本が絵本となってしまったような気がいたします。モップは絵そのままの世界で生きていて、わたくしは文字だけの世界で生きていたのかもしれません、いいえ、そこにだけ生きられる猫であったのかもしれません。

互いの関係が一冊の絵本であったなら、なんて素敵なことでございましょう。
ただ、その絵であるはずのモップの容態は知ることはできませんし、いつになったら元気な姿を見せるのでございましょうか…

絵の無い絵本の文字は、ただ心細く窓辺に舞い散る葉っぱのように心細く淋しい想いでございます。今となっては、わたくしには絵が必要でございます。
それも、活々としたモップの絵しか浮かんでこないのでございます。

＊

朝食もそこそこに窓辺に飛び乗り、外の様子を覗っておりましたが、モップの姿は終日ございませんでした。玄関戸が開くたび、ご主人様たちのその手元を注視するのでございますが、一向にゲージを手になさってはおられません。
いったい、モップは何処でどうなっているのでございましょうか、こんな時にこそ、ヒトと意思疎通できない不便さを感じたことはございません。

なにか知る方法は無いのかしらと、考え始めるも、ふかふかベッドの誘惑には勝てず、そこで惰眠をむさぼり、目覚めては窓辺に飛び乗りますが、お庭の塀の天辺や、その端っこばかりが眼に映ってしまい、つまらなくてそこで丸くなってしまい、小鳥の鳴き声のたびに、薄目を開き、その視線の端で餌台を一瞥しては、ふうとため息をつくような、味気ないお庭の風景と、地に染まっていくような枯葉のような日々が続いたのでございます。

＊

そんなある日の夕刻、戻られたご主人様の手に、ついに、あのゲージがございました！
わたくしは勇んで近寄り床に置かれた空のゲージの匂いを嗅ぎまくったのでございます！

消毒液の匂いの中に、モップの匂いとわずかに血の匂いものこっておりました。

わたくしはご主人様に向かってニャア～と尋ねると、パパ様はわたくしの喉元と眉間を撫でてくれましたが、その行為はわたくしの心配を払しょくするには至らなかったのでございますが、しかし、その後、戻られたママ様との、キッチンテーブルでの会話の中に何度かモップという言葉が出てきておりました。そのご主人様たちの表情は終始笑顔で、時たまわたくしを見ては「良かったな、シェリー」と、お声をかけてくださりました。
この雰囲気は確かにいいことの前兆だと、わたくしは思うに至ったのでございます。

勇んで窓辺に駆けあがり外を覗きました。
昼間のように光溢れておりませんが、お庭の隅々までシンとして良く見渡せることができます。勿論そこにモップの姿などあるわけもございませんが、取りあえず、わたくしは、「ニャン」どこにいるの？　と、小さく声をあげてみました……お庭は静かです。
わたくしの声がモップに届いていたらいいのにと、わたくしは窓辺を降りて自身のベッドに向かいました。

今日はモップは回復していると知ったとても良い日でございました。
わたくしは数日振りに、無垢な赤ちゃんのように眠りに落ちていったのでございます。

＊

日々日差しが強くなり、ご主人様はエアコンを常時入れてくださって、陽が差し込む窓辺に居ても快適でございました。

その日も朝からお庭を眺めておりましたが、相変わらずの物足りなさでいったんリビングの床で手足を伸ばしきって、ひと眠りし始めたのでございますが、天井からの冷たい空気に髭が震えましたので、窓辺に居を移しふっと塀を眺めましたら、その端から懐かしの灰色の塊が姿を現したのでございます！

わたくしは身体を跳ね上げさらに一回転して声をあげていたのでございます、
「モップ！大丈夫だったの～？」と、網戸に手をかけておりました。

モップはスタスタと塀の真ん中あたりで立ち止まり、わたくしを見つめると、ニッと笑みを浮かべたのでございます。
「ああ、相変わらずいい景色だナ」

モップは塀を降り、餌台に飛び乗ってきました。その軽やかな身のこなしに、わたくしは胸をなでおろし、モップを見つめました。身体の毛が薄くなっているところが何か所か目につきましたが、それは治療の痕でございましょう。

「あン時さ、目測を誤っちゃった、シェリーの言うとおり眼が効かないと、ダメだな」
「塀の向こうで何があったのですか？」
「自転車と塀の間に挟まったままガガッてね…その後どうなったのかって、全然覚えてない。眼が覚めたら、あの動物病院てなわけ。シェリーは泊り客だったけど、オイラは入院患者、ハハッ、笑っちゃうネ」

「モップを助けたのは、家のご主人様たちよ。家で血だらけでぐったりしていたのよ」

モップは眼を見開き呟いた。

「そうなの…そうだったんンだ。だからオイラのご主人様が、お宅の先生にあんなに頭ペコペコしてたんだナ、フ～ン、そっか、命の恩人だ。じゃあ尚更、病院の敷地に無粋な猫が立ち入らないように頑張らないとナ」

モップは以前のモップに甦ったようでございました。

「でもモップを助けたのは、ご主人様だけじゃございませんからネ」

「誰？どういうこと」

「わたくし、モップさんが家でぐったりしている間中…舐めて差し上げていましたのよ」

その言葉にモップは眼を見開いてわたくしを見つめたのでございます。

「ペルシャのシェリーがオイラを……そっか、それで助かったんだナ」

舐めの効力は無限の力、それを、モップも充分に熟知しているようでございます。

「ありがとナ。でも、そんなの初めてだったろ？」

モップは神妙な表情で聞き返してきました。

「勿論ですわ。気がついたら舐めておりましたのよ。よそ猫を舐めるだなんて……」

モップはさも嬉しそうに表情を崩したのでございます。

「オイラの味はどんなだった？」

猫が舐めるということはキッスや抱擁以上に神聖な行為でございます。そこに味覚など立ち入る余地はございません…が、モップも承知の上で返してきたのでございましょう。わたくしはフンと笑みを溢し、お付き合いしてあげたのでございます。

「そうですわね…酸っぱいような、埃っぽいような、土っぽかったですわね、間違っても、ミルキーではございませんでしたわ」
「そりゃそうだ、オイラ土蔵で寝泊まりすることが多いからな」
「モップさん。わたくし、土蔵に興味が湧いてきましたわ」

その言葉にモップは尾っぽをひと振りしたのでございます。
「ウン！いいよ。今回のお礼さ、いつでもいいよ」
「いつでございますかしら？」
「そうだな、今日初めてゲージから出たばかりで、縄張りを完璧にしなくちゃならないし、この毛並みも今いちだしなア…」と、毛並みを執拗に整え始めたのでございますが、毛の無い傷跡がてかてかするばかりでございました。

以前のモップでしたら、すぐ行こうと、ホイホイ乗って来そうな雰囲気でございましたが、さすがに今の外見が気になる様子でございます、でも、そんなモップに対するわたくしの好感度は確実に増してきている思いでございました。

モップは毛並みを整え終えると、ウ～ンと大きく背伸びをし、サテとと呟きました。
「地回りでございましょ？ご慎重にね」

モップは餌台から飛び降り、塀の天辺でクルリと姿勢をただし、わたくしに向かって声をあげたのでございます。
「此処から見る景色は最高だな！」
「窓辺からも、とっても素敵ですわ！」

モップはわたくしに笑みをかえすと尾を高く振りあげ、塀の端から姿を消しました。
その姿はわたしが好む窓辺の風景の大切なパズルの一コマでもございました。
再びもとの位置に納まってくれるのは明日朝でございましょうか。

モップの元気な姿にあえたことは、何よりも嬉しゅうございました。
自身のベッドで丸くなると、沸々とした満足感は、お髭を震わせつつ、深い安堵の眠りに誘ってくれるのでございました。

＊

翌朝窓辺に上がると、早、餌台にはモップの姿がございました。無心な風に毛繕いをしておりまして、私が来たことに気づかぬ様子。で、じっと見ておりました。

猫でございますから気配ぐらい感ずるものでございますが、必死に首を上下に動かし、無心というより、必死さが伝わってきます。
この辺の隙が懲りない傷につながっているのでありましょう。そんなモップもやっとわたくしに気づきましたが、もう一舐めしてから顔をあげました。

「ヤッ、おはよう。」
「縄張り内は大丈夫でしたの？」
「アア、二〜三匹、見慣れない野良がウロチョロしてたけど、ぜんぶ追い出してきた」
「モップさんって、夢中になると周りが見えないタイプでございますか？」

以外にもモップは素っ頓狂な声をあげたのでございます。

「ンな、馬鹿な、さっきだってシェリーがいることぐらいわかってたサ」

「アラ、そうでございましたか。わたくしはてっきり…」

モップは小首を傾げて言いました。

「油断じゃない、此処だからってことサ……」

朝方から、今日のモップは可愛いではございませんか。傍に居たら、ひと舐めぐらいしてあげていたかもしれません。

「今日は早かったですわね」

「そう、怪我も治ったし、日の出が待ちきれなくってサ」

モップの瞳はブルーアイのような気品さはございませんが、和猫特有の侘び寂とでも言いましょうか、秘めた鈍い光沢がございます。

「モップさんの地回りのお時間って、決まってるんでしょ？」

「そうだね、午後いち、夕方、深夜ってとこかな、それがどうしたの？」

「土蔵」と、わたくし簡潔に申し上げたのでございます。

「そうか、土蔵ね……」と、塀の周辺を探るように見渡しております。

「今は安泰時間だし、出ても大丈夫だろうだと思うけど」

「安泰時間って？」

「朝飯食べた後で、猫がマッタリしてたい時間帯ってことサ」

「アラ、そのような時間帯に意味がおありなのですか？」

「大有りだよ。猫だからな。マア、シェリーは屋内にいるから関係ないだろうが、オイラたちにとってはいつ動くかは重要なんだよ」
いつもマッタリしていたわたくしにとっては、初耳でありその耳の痛い言葉でもございます。

「じゃあ、今から行こうか。出られる？」
わたくしは無言で頷き、窓枠の端に爪を潜り込ませ引いてみたのでございます。すると、網戸はスルリとあっけなく滑らかに開いたのでございました。

わたくしは半身を乗り出し、お庭の大気胸いっぱいに吸い込んで、フワリと餌台に飛び移ったのでございます。
端に身を引いていたモップはすぐにわたくしの首筋辺りに鼻を寄せ、ペロリと眉間を舐めてきたのでございます。その舌はザラザラどころか、以外にもツルツルとして、肉を舐めているような滑らかさでございました。

わたくしも、お返しにモップの額を舐めてあげました。
「…ザラザラして気持ちいいナ」とモップはウットリと眼を線にして呟いたのでございます。
「アラ、モップさんの舌はツルツルでお刺身みたいでございましたわ」

モップは、そうさ、と言葉をつないできたのでございます。
「雄猫の舌なんて対して重要じゃないからな。重要なンは牙と爪だから。雌猫は赤ん坊を舐め育てなくちゃなんないから、ザラザラしてて迫力がある。あの時のオイラの怪我もそれでかなり清潔になったからナ」

モップは今までにも他の雌猫に舐められたことがあるのでございましょう、でもそのことを口にすることはやっかみのようでございます。
「でも、モップさんの舌は優しかったですわ」
モップは照れ隠しのように腋の下をひと舐めしたのでございます。

「じゃあ、行こうか」
「ええ、行きましょう」
わたくしはモップの後をついて塀に飛び乗りました。そうして、私が今まで佇んでいた窓辺を眺めました。

塀からはお庭を挟んでお屋敷の全体が見えます。その一角に網戸が開いた小さな出窓があり、わたくしはあんなに隅の小さなところから毎日此処を眺めていたことが、一瞬のうちに遠い昔の出来事のようでございました。
今、此処から見る風景には遮る塀もなく、吸い込まれそうなほどの青空の元、四方東西南北にわたり、木々や家並みが際限なく広がっているのでございます。

今までわたくしが佇んでいた出窓のガラスに、塀の天辺に居るわたくしの影がぼんやり映っております…モップあんなに小さな出窓のなかのわたくしだけを視とめるために、雨の日も懲りずに日参してくれていたのかと想った瞬間、胸の底がキュッと縮んだのでございます。

わたくしは、モップに呼ばれるまで、その場を離れることができなかったのでございます……
「なにしてンの、来ないの？」

その声にわたくしは我に返りました。猫が我に返るときの表情は間抜けでございますが、わたくしもきっとそうであったのでございましょう。

「今ちょっとモップからの景色に見とれていただけですわ。行きましょう」
「どうだった？」
「きれいなわたくしの姿が見えなかったから、ガッカリでございました。フフッ」
「ハハッ、そりゃそうだ。でも、オイラも同じ気持ちだったから」
モップ隆々たる後ろ脚の筋肉とは、ほど遠いモップのシャイな言葉でございました。

今、連れ添うわたくしとモップの風景はどのようなものでございましょう、わたくしはどのような表情をして歩いているのでございましょうか……
なんだか、わたくしは外に出ると間抜けな猫に陥りそうな予感がいたしたのでございます。

その時、突然モップが足を止め振り返りました。
「そうだ、シェリーに言っておかなければいけないことがある」
「なんでございましょう？」
「この塀伝いの道はオイラの道だってこと、みんな知っているから安心だけど、慣れるまでは勝手に降りたりすると、なにが起こるかわかんないから、オイラから離れちゃダメだよ」
「でもこの辺りはモップの縄張りなんでしょ？」
「そうだけど、シェリーは目立つし、若い猫のなかにはヤンチャなやつも居るからさ、みんなが認めるまで、オイラに従っていた方がいい」

「ヤンチャなやつ？認めるって？どういうことでございますかしら？」
「意味？見境のないヤツってこと。それとオイラ、雌猫と連れ添って歩くのは今日が初めてなんだよ……」

わたくしの胸の底はさっきはキュッと鳴ったのでございますが、今度はドキッと、それはもうはっきりと波打ったのでございます。わたくしは至極冷静な風を装いました。
「あら、別に良いではございませんか、誰と歩いたって猫の自由でございましょ」

モップはまた足を止めたのでございます。
「そうはいかないんだよ。縄張り内を見回るオイラの道はみんな通らない、そこを、今みたいに一緒に歩いているってことは、オイラの女ってことになる。わかる？」

わたくしたち猫いいえ、動物たちの顔色なんて窺い知ることもできません、が、今のモップの言葉で、間違いなくわたくしの純白の毛に隠れた皮膚は、ピンク色に染まったことでしょう。

「それは、端的に申しますと、わたくしはモップさんの妻ということでございましょうか？」
「マッ、そんなところだ。繰り返していれば、その内みんなも理解して、無用な手だしはしなくなる。シェリーが気に食わなくたって、相手はそう思う、こっちよりあっちの判断次第だから、だから喧嘩が絶えないこともあるけど、しきたりさえ知っておけば、縄張り内は安泰ってわけサ、だから当分はオイラと一緒にいた方がいい」

「わたくしは雄雌関係なく、争うようなことはいたしませんよ」

「だからさ、シェリーはそう思っていても、争い事なんて相手次第だから、どうにもなンないんだよ。これからわかってくるさ。雌猫だってやっかむ奴もいるからな」
「あらら、それは光栄なことでございますわ、モップさん、わたくし、こう見えて、骨格は和猫より大きいのでございますのよ。腕っぷしには自信がございます」

「ハハッ、喧嘩は体格じゃない。野良の子猫なんて牙見せるんだぜ、猫社会はそんな負けず嫌いで身の程知らずな奴らばかりだから。オイラはシェリーのその真っ白な毛が血に染まるのを見たくない…勿論そうはさせないけれどナ」
モップはわたくしを振り返って笑みを浮かべ、ひょいと一段高い瓦塀に飛び移ったのでございます。その先には真っ白な土蔵がそびえておりました。

「あそこが、モップさんの土蔵でございますか？」と、その時でございます！突然、背後から「ナア～ウ！」という地を這うような尖り声がしたのでございます！

わたくしは弾かれたように振り返りますと、いつの間に忍び寄ったのか、茶色の雄猫が眼光鋭くわたくしを見据えているではございませんか！その居丈高な気配に、わたくしは思わず身を竦めてしまったのでございます。と、その背後からわたくしを飛越した影がございました。
モップでございました。

間に降り立ったモップはすぐさま身を底止、地を這うような低い笛音のような声を発し始めたのでございます。モップの後ろ脚は塀の角をしっかりつかみ、その姿は塀の天辺に兼固に備え付けられた砲台のようでございました。

対する茶猫は手足を突っ張り背高を丸くし甲高い声で、繰り返しサイレンのような威嚇を繰り返しておりますが、その勝負は見えておりました。騒ぎ立てる者ほど大したことはございません。
モップの後ろでわたくしは成り行きを間守る心の余裕が芽生えていたのでございます。
やはり勝敗は一瞬でございました。

甲高い声をあげておりました茶猫が一歩踏み出したその瞬間、モップは砲弾のごとく飛んだのでございます！
吹き飛ばされた茶猫は塀から転がり落ち、モップを見あげることも無く尻尾を垂れて退散したのでございます。塀上のモップは茶猫が見えなくなるまで無言の視線を突き刺しておりました。それからゆっくり身を反転すると、わたくしに近寄り無言で眉間をやさしく舐めあげてくれたのでございます。

でも、わたくしはモップに対して感謝の言葉は口にしなかったのでございます。その行為は女王を守る騎士団のように、モップとしての当然の義務でありましょう。
これから起こるであろう、苦難の度にわたくしが頭を垂れ、優しさに心を波打たせていたら、モップの伴侶として相応しくございませんし、女王として相応しくございません。

瓦塀を先行く、モップの後ろ足先からの隆々とした筋肉の盛り上がりと、その後ろ姿は、まさにボス猫、いえ、王の風格そのものでございました。
これからは王様ならぬモップに相応しいシェリーとして、添い遂げ、君臨し続けなければいけないのでございます。

それこそが女王と呼ばれるペルシャ猫の自負であり誇りでもございます。

わたくしはモップの後に続き、屋根塀から長屋門の屋根に飛び移り、隣接している白亜のお城ならぬ白壁の土蔵の、重厚そうな小窓を潜ったのでございます。

＊

「これが土蔵というものでございますか？」
「そうだよ、ご主人様たちのガラクタが押し込まれている倉庫みたいなもんだけど、この二階はオイラにはちょうどいいンだよ」
確かに、その薄暗さと温度は猫にとって丁度の案配でございました。
わたくしは早速土蔵の二階に無造作に置かれているガラクタの間をつぶさに偵察し始めたのでございます。

食べ物の匂いはしませんが、我がお屋敷には無い埃りの匂いがするのでございますが、そのなかに、布や枯草やお香のようなものが混じり合い、身に覚えはございませんが、なにか、遠い昔を思い起こさせ、しんみりするような心地よさがございました。
土蔵のあちこちに、蛇や小鳥やトカゲのしっぽが干からびて転がっておりました。これは多分モップの玩具代わりで遊んだ名残でございましょう。

ひと通り探索を終えますと、モップは大きな木箱の上で外を眺めておりました。
わたくしもそこに飛び乗ると、モップは眉間をひと舐めしてくれました。

「この木箱ちょうどの場所にございますね、わたくしの窓辺に居るような感覚ですわ」
「でも景色は全然違うだろ？」
「ええ、眺めるというより、見下ろす感じでございますわ」

わたくしの窓辺の風景は葉っぱや花弁や虫たちを観察できそうな近さでございました、この土蔵からの風景はそんな細かな部分は判りません、お空の鳥になったような心持で、なにか余裕をもって眺めていられそうな気も致します。
わたくしとモップとの見識の違いはこんなところにもあったのでございましょうか？などと浸りながら、モップの声を耳にしておりました。

「あそこの白い建物が、シェリーのご主人様の病院で、その横に車がいっぱいあるとこが駐車場、その周りの田んぼや畑やお寺なんかから、シェリーの家までがず～とオイラの縄張りってわけ。ナ、広いだろ、だから大変なんだよ」

確かに、これだけ、その縄張りが見渡せられたら、雄猫だったら気の休む暇もございませんでしょう。やっぱり、わたくしには窓辺の風景がちょうどのような気が致したのでございます。

「シェリー、下に行ってみる？」
「一階にでございますか？」
「そうだよ、今は誰もいないから」

わたくしはモップの後から階段をそろりそろりと降りはじめたのでございます。

一階に降り立つと、二階とは打って変わって、鼻を突く匂いが充満していたのでございます。土間には玉葱がごろごろ転がっておりました。

「今は、ネギと玉葱のだからな、シェリー、姿は見られないようにナ。」
「どうしてでございますか？誰もいないんでしょう」
「いや中にはいないけど、外に居るから。オイラの庭の風景、見たいだろ？」
「ええ、勿論」
「ただ、犬がいるからな、そっとだぞ」

わたくしはモップの後に従い、トラクターの下から戸口の端に身を忍ばせ、そっと、モップのお庭をのぞいて眼を見張ってしまったのでございます。

わたくしのお屋敷のように、お洒落な玄関ポーチ芝生なんてございません。玄関らしき戸の横で茶色い犬がまるくなっており、黒い瓦屋根が張り出した軒下では、腰の曲がった御婆様が、お野菜を並べておられ、庭先でモップのご主人様らしきが耕運機のお手入れをされておられます。
広い庭先の大きな松の木の下では、ママ様らしきが黄色いケースに野菜詰められておられます。

いたるところにいろんな物が雑然と転がっており、わたくしのお家の庭のように芝生も小便小僧の噴水もございません。凸凹地面丸出しですので雨が降ったらドロドロになりそうで、わたくしなど外には絶対出られそうもございません。普段のモップの毛並みも理解できるというものでございます。

耕運機を手入れしていたご主人様らしきが声をあげました。
「オイ、モップ何処だ？」
ママ様らしきがわたくしたちの居る土蔵を指さしました。
ご主人様は土蔵の入り口わきにあった、長い柄のついた雑巾のようなものを手にして、それで耕運機をゴシゴシ吹き始めたのでございます。

わたくしはモップに小声で聞いたのでございます。
「モップって、アナタのことじゃなかったようですね？」
「ウン、水洗いの道具サ。オイラもいつも呼ばれたと思って傍に行くと、オマエじゃないよってネ、まったく紛らわしいだろ」

わたくし、吹き出しそうになり、慌てて毛繕いで誤魔化したのでございます。
いつか、わたくしのお庭で雨でずぶぬれになっていたモップの姿が脳裏に浮かんできたのでございます。

あの時は、チョッと小馬鹿にした思いでございましたが、モップのお庭を覗き、汚れも暇わないモップのお家の生活環境を目の当たりにした今、例え雑巾がモップという猫の名前の由来であったとしても、何らおかしくもなかったのでございます。
土蔵に仕舞うほどに大切なご主人様たちの道具でございますから。そういう意味で言えば、モップっていい名前だと清く思ったのでございます。

しばらくトラクターの下から庭先風景を眺めておりましたら、御婆様らしきが土蔵の中にやってきて、棚にあった袋から、戸口近くに置いてあった洗面器に茶色な小粒を入れました。

御婆様が出て行くと、モップはわたくしを誘ったのでございます。
「ご飯の時間サ。シェリーも一緒に食べるといいよ」
「ええ……」とは答えましたが、あの中身はカリカリであることは判っておりました。

モップは無言でカリカリ食べ始めました。わたくしも一粒だけ洗面器の外に運び、そこで噛んでみましたが、やっぱり、粉のすえた臭いが鼻に付き、思わず砂をかける仕草をしようとしたら、それに気づいたモップがムッとした表情を見せたのでございます。
「出されたものを頂くのが家猫だよ。オイラがそんなことしたら、皿ごと下げられちゃう

「ごめんなさい、ついつい……」
そうは申しましたが、モップの食べる姿を見ていたら、わたくしも本当にお腹がすいてきてしまったのでございます。
「モップさん、わたくし、帰ってお食事にいたします」

モップは食べ終えて毛並みを整えながら申しました。
「そっか、口に合わないのは、仕方ないモンな。それより、ご主人様が帰宅しないうちに帰っていた方がいいよ、脱走したなんて思われたら、網戸じゃなくなっちゃうからナ」
「あら、それは気をつけないといけませんね」
「そのへん時間配分を、うまく立ち回るのも、オイラ達の特性だからナ」
「そうでございました。それでは今日は帰ります」

「家まで送ろうか？」
「いいえ、もう、縮こまったりしませんから、大丈夫ですわ」

二階に舞い戻り、わたくしは小窓から屋根に飛び降りたのでございます。
振り返るとモップは心配そうな表情でございました。

「いいかシェリー。来た塀の道を帰るんだよ。なにか変な気配があったら、よそ見しないで、一目散に窓辺に飛び込むんだぞ。猫は逃げるが勝ちだからナ」
「ハイ，大丈夫、心配なさらないで」
わたくしはモップに尾を振りつつ、屋根から塀に渡り、しずしずと塀の天辺を歩き、モップのように塀から庭にさらに餌台に飛びのり、開いている出窓のなかに無事戻ったのでございました。

水皿の水をひとなめし、出窓にもどると、塀の上の青空をしばらく見あげておりました。わたくしたちは、普段、地面か自分の体高ぐらいまでの周囲にしか眼を配っておりませんが、さすがに今日は青空を仰ぎ見るぐらい心の高揚がございました。

ボス猫ならぬ王に認められた喜び！
そのモップの優しさと力強さ！
白亜の土蔵の心地よさ！
生活臭溢れた庭先の新鮮すぎる風景！
風を感じ塀の天辺を闊歩する爽快さ！
そして、窓辺のシェリーだった健気さ！
ついでに、ゼリー状のご飯の美味しさの再認識！
わたくし窓辺のシェリーは、明日も必ずや行きましょう！

自身の丸いふわふわベッドで、モップのお庭の風景を思い出しながら、わたくしは、
乙女のような心持で丸くなれたのでございます。

＊

朝、窓辺から眺めるお庭の風景は、小さな光の粒が舞っているように瑞々しく、わたくしを誘うのでございました。モップが来るまで窓辺で待っていようかと思いましたが、そこは一度知ってしまった蜜の味ならぬ、新たな外界でございます。

ご主人様たちが出計らったころ、わたくしは迷うことなく網戸に手をかけ、餌台に飛び移り、水皿に口をつけ、軽やかに塀に駆け昇っておりました。
土蔵の小窓から中に向かって「いるの？」と一声あげたのでございますが、反応はございませんでした。

西側の小窓から外の景色を眺めておりますと、白い病院の敷地に灰色の点が現れ、車のボンネットに移動したり、車から降り立った人に、すり寄ったりしている様子が確認できたのでございます。ああしてモップは病院辺りを朝一の見回りの日課としているのでございましょう。

しばらくするとモップは駐車場の塀に飛び乗り、ゆっくり歩み始めました。どうやら病院縄張りの見回りは無事終えたようでございます。それから塀伝いに土蔵からわたくしのお屋敷に向かうのが日々のルートでございましょうか、と、その時でございます、不意に塀から飛び降りたモップは、一匹の猫をすごい勢いで追い始めたのでございます。

追われた猫は畑を飛ぶように横切りしようとしますが、あっという間にモップは追いつき、畑の真ん中あたりでからんで一回転すると、更に猫を追ってそのままモップの姿も木立の中に消えていったのでございました……

わたくしは肉球を湿らせ、ゆっくり顔を拭い毛並みを整え始めたのでございます。
朝っぱらから、あのような立ち回りは、わたくしには到底無理というものでございます。
モップの日常は、まずは、ああして馴染の人におべっかいをし、侵入者を威嚇し、腕っぷしで懲らしめ、追い払う。それは深夜まで続くのでありましょう。

対してわたくしはどうでございましょう？
脳裏に浮かぶのは、モップを舐めてあげている自身の姿しかございませんでした。
でも、よくよく想いを凝らしますと、真っ白な毛が血で滲んでいる自身の姿がよぎっていったのでございます……

わたくしは傍らの蓋の無い茶箱を眼にし、その中に飛び降りてみました。
敷いてある布きれからはモップの匂いがいたしました。きっと、肌寒いときは、ここを寝ぐらにしているのでございましょう。
モップもさっきの様子からして、すぐに戻ってこないように思えます。
窓辺でのうたた寝は陽がさしてくると目覚めてしまいますが、この暗さは時間というものを遮ってくれる不思議な力が働くようで、さらには、風の無いこの温度と、乾いた土と埃っぽい土蔵の匂いに茶葉のホッとするような香りに勝てるわけがございません。
わたくしは、とりあえず丸くなってみたのでございます……

＊

鼻先を撫でられた気配に、ふと目覚めるとモップの顔がございました。

「来たンだ」
「ええ、駐車場でのモップさんの様子見ていたら、すぐに戻れなさそうだったから、つい熟睡してしまいました。ここはよく眠れますわ」

「だろ」と、モップはわたくしの鼻筋や首筋をやさしく舐めはじめたのでございます。
わたくしも、二～三舐め返してあげると、モップはなにを思ったのか、不意にわたくしの首筋を噛んできたのでございます！
「あら、なにをなさるの！」

そのモップの瞳の中にはわたくしが映っておりました……
その眼の鈍い輝きは雄猫のものでございました。
わたくしは覚悟し、身を直して目を閉じてあげたのでございます。
背に乗っかってきたモップはわたくしの首筋を噛み、腰を振りはじめたのでございます……
それは一瞬の下半身の違和感でございました。

背から降りたモップはわたくしの首筋を二～三度舐めあげると、ドンと全体重をわたくしの脇腹に身を投げてきて、手足を震わしながら伸ばし切ると、そのまま眼を閉じてしまったのでございます。背に乗っかってた重みより、今こうして受けている脇腹へのモップの圧は窓辺のシェリーが初めて体感した、雄のやすらぎの重さでもございました。その波打つ温もりはすべてを信頼している無防備以外の何物でもございませんでした。

もし、わたくしたちが手術を受けていなければ、わたくしとモップの赤ちゃんはどんな姿なのでございましょう…と、モップに囁きそうになったのでございますが、思いとどまりました。
今や、わたくしもモップも本能からくる実の無い空芝居しかできないのでございます。

今、わたくしがお腹に抱いている格好になっているのは、視線を遮るほどに大きな背を丸めて眠る、雄猫のモップでございまして、わたくしの赤ちゃんではございません。
モップは手術を受ける前に何度か子を孕ましたとか申しておりましたが、それは本能でございますからどうしようもございません。わたくし自身は未経験のまま施術されたのでございますが、猫の脳内施術ではございませんから格別変化があるわけではございませんでした。若干その辺の感情の起伏が穏やかになったぐらいでございましょう。

目覚めた夕刻。
わたくしとモップは土蔵の小窓に座っておりました。
眼下の生活臭が夕凪で運ばれてきます。
わたくしもモップも無言で夕凪で運ばれてくる眼下の生活臭に鼻をひくつかせております。それは、ふたりの福々とした一時でもございました。

わたくしはモップの横顔を覗いながら思っておりました。
初めて遭遇した当時は、雑巾モップと蔑んでいたのでございますが、これだけは、わたくしの見る目がなかったということでございましょうから、生涯、首筋にある秘密臓器に納めておくことにいたしましょう。

しかしながらでございます、脳内の猫第三の眼はいついかなることで連動し見開いてしまうかもしれません。そうはならぬよう、わたくしもモップの為に今以上に舐め技を磨いておく必要がございましょう。
こんな想いは、窓辺のシェリー時代にはあり得なかったことでございましょう。
でも、もう、そろそろ、わたくしは無人のお屋敷の出窓に戻らなければなりません。

夕陽が白いご主人様の病院や敷地をオレンジ色に染めはじめました。
モップのご主人様の黒い屋根や遠くのお寺まで続く田畑の緑が風でそよぎはじめました。

わたくしたちは視界に映った風景を立体にし、隅々までに想いを巡らし、飽きて納得すれば、毛並みを整え、眼を閉じるか、欠伸や背伸びだけして改めて眺めたりもいたします。病院の方を見遣ったままだったモップもどうやら見飽きてきた様子で、不意に、わたくしの首筋をペロリとひと舐めして呟いてきたのでございます。

「今日、仲間に出会うたびに聞かれた。一緒にいた、あの白猫は？って」
「あら、なんてお答えになったの？」
「王女に手を出すなって」

わたくしはモップの鼻先を舐めて、そっと身を寄せたのでございます。
「ありがとう、王さま」
この土蔵はわたくしたちのお城でございます。

了

猫布団

年も押し迫った、肌寒い朝。
ぼくと同僚は事務所前の掃き掃除をしていた。
社長は閑散とした事務机を拭いている。

同僚がその姿を一瞥して小声で呟いた。
「最後のご奉公だナ」

ぼくは苦笑して頷いた。
「正月明けから来ないのか？」
「そうだよ、森も辞めたら？この不動産屋、もうヤバいよ」

確かに給料遅延するし、先月なんか、建築費未払いで工務店は新築物件の鍵を渡してくれないため、同僚の顧客が激怒して事務所に怒鳴り込んできて、それはいまだ決着していなかった。
その対応に同僚は嫌気がさしていて、高額歩合はもらったら辞めるからと言っていたが、先日遅延していた歩合給料が渡され、決断したらしい。

「なあ、輪転機の紙代も滞納してるってよ。社員のことなんか、契約取れなきゃ、給料泥棒だっていう感覚しか持ち合わせていない社長だ。森も、さっさと見切りをつけたほうがいいぞ」

入社した時、社員は十人近くいたが、今残っているのはぼくと同僚のみであった。
今にして思えば、とっくに資金不足で、売上金欲しさに社員をかき集めたのだろう。

社長は輪転機を活用した折り込みチラシを多用し、建売のカリスマと持て囃されていた時期もあったらしいが、体育会系指導と給料遅配に嫌気がさした社員は半年もたたず辞めていった。

過去の栄光の見栄からか金もないのに購入したレクサスはさっそく町場の金融業者に取り上げられる始末、まともな金融機関からはお金は借りられないようであった。
過去の栄華を知っているのは、皺だらけの手首に巻いた金無垢のロレックスだけであるが、それもいつまであることやら……

「そうだよな、オレも年末ゆっくり考えるよ、でも、歩合も少し残っているし…」
「でも、額がそんなんじゃなかったら、諦めた方がいいよ。社長もそれを承知で遅配している節があるからな、オレは強気に出て貰ったが、森は丸め込まれるぜ、きっと」

それはそうだ、今までぼくは、もめごとの度に丸く収まる方を選択して生きてきた。同僚のように押しは強く無いから、そっと姿をくらますしかないなと考えた。

所内には十数組のスチールデスクがあるが、今や、社長と社員二人のみで、以前のように士気を煽る朝礼は消えうせ、寂しい限りであった。
同僚は「顧客訪問に行ってきます」と、言いながら足早に出ていった。

以前は社長の前で事細かく理由を述べて、外出許可を得なければならなかったが、退社が決まっている同僚は、社長のことなどお構いなしであった。
社長も出ていく同僚を一瞥しただけであった。

多分、同僚はどこかの喫茶店かその後はかパチンコ屋だろう。

正直不動産の営業なんて、毎日決まってやることなど実は何も無いに等しい。月に二回配布のチラシ反響客に巡りあえば、それ以上にあくせくする必要は無かった。物件案内も予算内のボロ物件をいくつか案内し最後に少しまともな物件を見せることで、たいていは制約となる。

個別営業なんかで客を増やしても、面倒なだけで、高額な不動産契約に結びつくのは奇跡のようなものだと解っているから、見込み客が一件でも手にしたら、後は余計な仕事はしたくないと考えるのが高額歩合の不動産マンである。

今月のぼくの見込み客はなかった。辞めるという意識もあり今月は何の営業もしていない、仕方なく、他社の物件調べるふりをして、求人サイトを覗いていたら、社長が声をかけてきた。

「森君、君はたしか、初詣は高尾山に行くって言ってなかったか？」
「ハイ、行きますけど、なにか」
「そうか。ついでに、ちょっと頼みごとがあるんだが」
「何でしょうか？商売繁盛のお札とか…」
口が滑ってしまった、社長の顔色をうかがう。

社長は笑った。
「ハハッ、オレは無神論者だよ。神頼みなんかするか、一寸来てくれ」

そういえば、どこの不動産屋にもある神棚は此処には見当たらなかった。

社長の前に立つと、住宅地図のコピーを手渡された。
「高尾山の裏手にな、オレの山がある。そこの写真を撮って、ついでに管理人に酒一本届けて貰いたいんだ」
「エッ、社長、山持っているンですか。初耳ですけど」
「若いころ掴まされた不良物件、原野商法みたいなもんだ。風致に市街地調整区域、おまけに国定公園に囲まれて道がねえ、どうしょうもねえから、オレ個人に移していたけど、幾らでもいいから売っちゃおうと思ってな」

社長は苦笑いを浮かべながら、内ポケットから札入れを取り出すと、ホレと一万円札をぼくに差し出した。
「何ですか、これ」
「これで一升瓶買って、残りは手間賃でいいからよ、酒は一番安いやつでいいからよ」

ぼくは頷いて、地図を見遣った。端っこの高尾山駅周辺に建物はちらほらある程度で、朱色のペンで示された道順は等高線ばかりの中に続いていて所有敷地は細長に囲ってあったが、管理棟らしきが建物が無かった。
「管理人さんはどこに？」

社長は鼻先でフフンと笑って、ぼくを見あげて所有地を指さした。
「行きゃあわかるよ。そこに居るから。山だから寒いし、運動靴を履いて行けよ、じゃあ頼むな、オレは一寸出かけるから」

「わかりました」と言ったものの、来年も出社する羽目になるかと思ったが、元旦の話で仕事始めまでに決断すればいいことだと思い直した。

今年の忘年会は事務所でカップ酒であった。
来年もヨロシクとの社長と視線を合わさぬよう、ぼくらは目を伏せてカップ酒に口を運んでいた。傾いている会社のなかは隙間風が吹きぬける。
仕事始めは誰も出社しないことなど、知らぬは社長ばかりである。

帰り道、ぼくは同僚に告げた。
「オレも元旦の頼まれごとを最後にする」
「それがいい。初詣も頼まれごとが終わってからにしたほうが縁起がいいぞ」
「だナ、そうするよ」
ぼくたちは居酒屋で社長の悪口を肴に忘年会をした。

＊

元旦が晴天に恵まれ続けるのは、なぜだろう？
京王本線の車窓に流れる風景を見ながら漠然と思っていたら、ふと、朝方テレビで目にした、皇居での一般参賀の光景が甦って、これはきっと天皇様の計らいではと素直に腑に落とした。

ごちゃごちゃ工場が立ち並ぶ、臨海鉄道と違い、京王本線は都心を離れ、住宅や田畑が混在する晴れ渡った市街地を間延びしたナイキマークのように駆け抜け、山裾を巡って終点の高尾山口に到着した。

ホームに降り立つと、汚れたお皿もすっきり洗い流してくれるような風が新鮮で心地よかった。

初詣は高尾山薬王院と決めた原因は、学生時代に薬王院の宿坊でバイトをしたことがきっかけだった、その頃、ぼくは日々学生生活に悶々としていたが、此処のバイトを始め、帰り道の山頂からは無数の都心の灯りを望むことができた。

そんな日々を繰り返しているうち、己の身丈を想うようになり、心中の細かなわだかまりも消えていった。それに、なにより都内から小一時間で山頂に立てられるアクセスは、得意科目の質問にさっと挙手する小学生のごとく、便利です！の一言に尽きてしまう。

股の間で支えていた日本酒の一升瓶を手にして階段を下りた。
駅舎の外にあった、高尾山周辺地図の看板前で、社長から手渡された住宅地図と照らし合わせてみたら、所有地に至るまで少し歩くようであった。

時間は午後二時を回っていた。
ぼくは高尾山の麓を走る山間道路を足早に歩きはじめ、一キロばかり行くと、左右に道端に転がっているコーラやミネビタの空き缶のごとく、雑多なラブホテルが並んでいる。

足を止め、社長地図を見やると、そこのラブホテルの一角から右折の道があるようで、記載されている建物のわきに道はあったが、軽が通れるかどうかというぐらい狭い砂利道であった。

道はすぐ山襞沿いに回り込んでおり、そこで砂利は無くなってさらに狭い凸凹の土道となっていた。社長が言っていた車が入れないとはこのことかと思った。

周辺は日陰でやせ細った杉やヒノキがパチンコですってんてんになってしまった老人のように立ち尽くしていた。その幾つかは倒れ掛かっている。
ぼくはてっきり表高尾山のような明るい広葉樹林だと思っていたが、この辺りは明らかに裏高尾と呼ぶにふさわしく幾年も放置されたまま痩せて閑散とした針葉樹に覆われていた。

二十分ほど歩いても高尾山への登山道ではないようで、何処に向かっているのかさっぱり見当がつかない、只の山道を時間的な不安を覚えながら歩を進めていた。
やがて、針葉樹は広葉樹と混在するようになって、いつの間にかぼくは雑木林の中にいた、その道も、もはや人が通った形跡もない獣道のようになってきた。

ぼくは管理人さんの居るところはきっとこぎれいな山小屋だろうと想像していたが、車も通れないこんな道の先に建物があるとは思えず、あらためて地図を広げる。
曲がり具合は大体あっていた、この先がＵーターンのようになって、そこからが所有地になっているらしい。もう少しだと気分新たに歩きはじめる。

雑木林の斜面に突き当たって、エッと思ったが、道は斜面を回り込んでいた。
これがＵーターンの道だと思い、一升瓶を気遣いながら斜面を回り込むと平地に降り立った。

此処が道の終点であるらしく、小さい板切れ看板が立っていた。

ーこの先私有地に付き立ち入り禁ズ！ー

ぼくは、あらためて斜面を見あげた。斜面は小山となっていて、多分高尾山の裏手の山ひとつ越えてきたようで、一息つく暇もない、時間は十五時近くになっている、だが目の前に広がっているのは山間の藪木立であった。この奥に建物が無いことは電柱が見当たらないことで解った。

「何だよ～、此処、いったい、これは何処の誰に渡すんだよ！」と、つい声に出た。ぼくの頭の中には所有地入口に小さな山小屋風の建物があり、そこの管理人さんがー遠くからよく来たねご苦労様でしたーと笑顔で出迎えてくれる図であった……

目の前に広がるは道の無い藪木立…此処まで一時間半、渡して即戻っても十七時過ぎ、薬王院の初詣は夜中になる…と言うよりこの頼まれごと全うできるのかよ。ぼくは泣きたくなってきた、どうせ辞める会社だ、此処に一升瓶置いて帰ろうかと考え始めたその時、どっからか犬が吠えたような気がした。

ヘッ？野犬だったらどうしよう…ぼくは思わず手にした一升瓶を見た。武器はこれしかない…ぼくは藪木立を見遣って身構えた。
「ワンワン！ワン！」吠える声が大きくなって、藪が揺れ動き、飛び出てきた赤茶の犬は四股を踏ん張り、なおも執拗に吠え立ててくる。万事休ス！

ぼくは一升瓶を振り上げた。と、その時であった、地を這う太い声がした。
「ごろオ～！！」
と、その声で赤犬はくるりと背を向けて藪の中に消えていった。人がいたのである。

ぼくは犬への警戒心より管理人かもしれないという期待感が先に立ち、犬が消えた藪に分け入った。藪木立の先は一段低い草地河原になっていた。

木立をくぐって見下ろすと山小屋らしき建物が目に映った。
だが、あくまでも山小屋らしきである。丸太や木々を寄せ集めた、いたって粗末な背丈ほどの高さしか無い、掘っ立て小屋である。そう、多摩川の河川敷辺りで見かける、あの住処である。さすがに、此処はちがうよな、と、茫然と立ち尽くしていた。

その小屋の前で先ほどの犬がこちらを見たまま小さくワン！と吠えた。すかさず「ごろオ～！」とまた人の声がした。どうやら犬にほえるなと言っているようだ。
まあ、此処まで来たら寄ってみよう、聞けば、管理人さんの居場所も分かるかもしれない。

くだんの犬も今はぼくへの警戒心は薄らいだようで、小屋に向かったら、尾を振って近寄ってきた。軽く頭を撫でてやって、小屋の裏手に回ると、隣接した谷川べりに置いたまな板で何やら捌いている様子であった。

「こんにちは」
男は黙々と手先を動かし続け、ぼくの方を見ようともしていない。
谷川の傍だから聞こえなかったのかなと、もう一度声をかけてみた。

「こんにちは」
「おう、なんだァ」男は視線そのままで返事だけを返してきた。

その喉仏だけを震わすような低い声に反し、背丈は無く骨格が浮き出たような細い
その横顔は日焼けなのか汚れなのか黒っぽかった。なんだか、短い牛蒡のような
初老の男であった。

男は作業の邪魔しないでくれと言いたげな雰囲気で、ぼくは、少し押し黙ってしまった。
まな板の上に目を凝らすと、傍らに沢蟹らしきが小山になっていた。作業している場所の眼と鼻の先は石が積み重なった堰堤となっていて、落ち込む水音とそこに流れるせせらぎの音が、早くしないと日が暮れてしまうぞと警告してきた。

不意に男がヨシッと呟くと、顔をあげぼくを見た。
「何だオマエは？こんな処に、何か用か？」
「あのォ、ぼくはこういうものですが、此処の土地の様子見を社長から頼まれて、来たんですが、土地の所在は分かったのですが、管理人さんが何処におられるのかご存じでしたら、教えて頂けないかと、届け物もあるんで…この近くだとは思いますが、全く…」

男は黒く皺だらけの手で渡された名刺を見遣っていたが、ぼくが話し終えると、ニタッと笑みを浮かべた。

よかった！知ってそうで、ぼくは思わず身を乗り出した。

「何処ですか？、この近くですか？」
「ああ、近い。ついてこいよ」

男は手にした洗面器に沢蟹を入れ、小屋の戸を開けると洗面器を中においてぼくを振り返った。

「ここだァ。管理人はオレや」
「ヘッ…？此処が…そうで、アナタがですか？」
ぼくは男を見て、小屋を眺めた。呆気にとられるとはこういうことだ。

「悪いか？で、届け物ってなんだ？」
「アッ、すみません、これです。よろしくって…」ヨロシクとは社長は言っていなかったが、社交辞令として付け加え、日本酒の一升瓶を袋ごと手渡した。

男は中身を取り出して目を細めニッと笑った。
「あのオヤジは元気か？」
「オヤジって、社長のことですか？」
「ああ、そうだ」
「ええ、おかげさまで、元気です、なにかお伝えすることありますか？」
「ハハッ、なんもねえよ。まあちょっと中に入れ、寒くなってきた」
男は水辺作業で手が冷えたらしく、掌を揉みながら小屋の中に消えた。

ぼくは入り口で声をかけた。
「あのォ、帰らないといけませんので、此処で失礼…」
「まだ大丈夫だ、早く入れ風が入る」

有無を言わせぬ野太い声に気圧されて、猫の額ほどの土間に足を踏み入れた。

中は薄暗く六畳ほどの板張りの中央に小さな囲炉裏のやかんから湯気が出ていた。
そして、片隅の万年床に数匹の猫が寝そべっていた。

男は囲炉裏端に胡坐をかいていて、座れと言った。
ぼくはせんべい座布団に腰を落し、燃焼し始めた炭に手をかざし天井を見あげた。
囲炉裏の上に畳一枚分ぐらいの板が屋根からぶら下げられており、赤錆びたランプと、なにか細長い干物のようなものがつるされている。何だろうと目を凝らしていると、不意にその板の端から数匹の猫が顔を覗かせたのである。

「猫の数すごくないですか？」
「自然繁殖だからな、数えたことない。まだどっかに居るはずだ」
自然繁殖と言うのか、近親相姦し放題じゃ増えるはずだ、どうすんだろう。他人事ながら気になって聞いてみた。

「放っといたらどんどん増えませんか？」
「だな、が、そんな金ないし、元はといやあ、高尾山に捨てられた猫だぞ。あの犬だってそうだ。オレが飼った訳じゃない、勝手にやって来て、適度に死んでいくからナ」
「エッ、死ぬって、どういうことですか？」
「そりゃそうだろ、こんな山ン中だぞ、餌もないし病気にもなるし、天敵もいるしナ。」
「餌はあげてないのですか？」
「そりゃ、可哀そうだから、ある時はあげるけど、無ければあげられねエ」

男は竹製の煙管？のようなものでふう～と紫煙をくゆらした。
「そうです…よね」

ぼくの頭の中にはいろんな疑問が交錯していて迷っていると、男はどれッ、と腰を上げて外に出ていった。多分トイレかなんかだろうが、ぼくの頭の中にはいろんな疑問が交錯していて何から話せばいいのか整理がついていなかった。

男は色褪せた手付のアルミ鍋をぶら下げて戻ってきた。
それを火にかけてぼくに言った。

「人が来たのは一年ぶりだ。まッ、温ったかいモン食ってけ、すぐできる」
「いや、そんな良いです。時間もあるし、気つかわないでください」
「アホ、大層なもんじゃないよ。三十分もありゃ麓に着くよ、途中まで一緒に行って、近道教えてやる。気にスンナ」
「あんな山ン中なのに近道ってあるんですか？」
「ある、獣道だが、参道に出られる」

来た道も充分獣道のような気がしたが、参道に出られるっていうのは嬉しかった。すぐにロープウエイに乗られる。

「あの、ぼく名刺渡しましたが、お名前伺ってなかったのですが…」
「ン、名前オレの？聞いてどうすんだよ」
「いや、一応うちの社長にも報告しないといけないんで…」
「じゃあ、山中管理人とでも言っておけ、アイツとは知らない仲じゃないし、小屋に居たって言ゃア、納得するから、酒ありがとってことも伝えておいてくれ、アッ、それと敷地はいいが、小屋は撮るなよな」

「ハイ、わかりました。ところで、うちの社長とはどの位のお付き合いなんですか？」
「ハハッ、どの位って、三十年ぐらい前、突然、怒鳴り込んで来て、その時話しただけの関係だよ、ほかに何にもねえよ」
俄然興味が湧いてきてしまった。

「なぜ、管理人さんに怒鳴り込んできたのですか？」
男は貰った日本酒を二個の湯呑に注ぎ始めた。ぼくはなんかヤバそうな気がした。

案の定、「ホレ、お屠蘇代わりだ、温まるぞ」と、差し出してきた。ぼくは一度は手で制したものの、帰り道を考えると体が少し温まっていた方がいいのではと、頂くことにした。

「そりゃあよ、自分の土地に勝手に家おっ建てておったら、誰だって怒るぞ。オレは此処が個人所有だなんて思ってなかったから、コッチもびっくりしたよ、どうせ国のモンだって思ってたからな。アイツ顔真っ赤にして怒ってた。てめえ、勝手に小屋たてやがって！てな、今でも思い出すたび可笑しくてな、ハハッ」

男は日本酒を一気煽ると、ぼくにも注ぎ足してきた。
「そりゃそうでしょうね。でも、何でこんな処に…」
男はぼくから視線を外し、煙管に煙草を詰めながら、そりゃあな…と少しの間沈黙した。

「マア、正月の飲み相手になってくれてるからナ、だけどよ、簡単にしか話さんよ、こういう話は、後は勝手に想像してくれ」

ぼくは頷いていた。

男は紫煙をくゆらし、炭をいじり、鍋の蓋を開けたり、膝で丸くなっている猫を撫でたりしながらぽつぽつと他人事のような口調で話しはじめた。

「オレは岩手の農家だったけど、それが、東京に出てたバカ息子のせいで家屋以外押さえられちゃった。息子が道を外した奴になっているなんて知らなかった。
仕方なくオレはオッ母を残して東京に出稼ぎにきたンだ。ところが翌年オッ母も死んじゃってナ、帰郷するつもりだったが、随一残っていた家屋もやられちゃって。
故郷なんて住めねえよ。

それから放浪出稼ぎや都内で日雇い生活を繰り返してたが、土木は体力的にも限界があって病気にはなるし、帰る家は無いし、そんな暮らしを、鞭打ってやっていたけど、何の為、誰の為、っていうのがナ…そんな、もウ、人生どうでもいやって言う毎日さ。

高尾の高速な、圏央道だったか、裏高尾のトンネル土木工事に来て、高尾山あたりを知ったんだよな。
岩手の農家って言っても俺んちは山間農家で、高尾山口から大垂水までの道沿い風景がそっくりでナ…高尾山にお参りして、裏高尾ルートを当てもなく山策していたら迷い道に入っちゃってな、で、この景色が、これまた故郷の蕎麦畑にそっくりでよ、それが頭にずっと残っていて。

その頃のねぐらはもっぱら山谷だった。
ああゆう処は食い扶持探しより仲間がいると安心するんだろうが、岩手で黙々と農家をやっていたオレにとって人に持たれているような暮らしは嫌でしょうがなかった。
自然があれば飢えることもない…で、此処が頭の中に甦ってきたって訳だ…

それからは素早かったよハハッ、なんせ、故郷の蕎麦畑の傍で一生を終えられるんだからな、国定公園の端だし多分国有林に違いない、あと十年もすれば亡くなっちまうから、それまでは住めるって考えたンだよ。

ところが思いがけず、アイツが現れてきて、まったく感謝感激で今は安泰ってわけだ…他人の目にはどん底に映るらしいが、東北のマタギはどん底か？
そうじゃないだろ。都会人の目も頭も濁っとる。
どうしょうもないナ……人生濁りだしたらお終いだぞ。
オレは素直にまっとうしたい……マッ、そんなとこだな」

男は口角を緩め一升瓶を持ち上げぼくの湯呑に注いできた。そして鍋の蓋をあけ、ホルモンの煮込みみたいのを茶碗によそってくれた。

ぼくが茶碗の中身を引くり返していると、男は笑みを浮かべて言った。
「変な肉じゃねえ。ちょうど昨日締めたばかりの鶏だ美味いぞ」
ネギと山菜らしいものが入っていて、塩味でさっぱりして、お腹辺りが温まってくる。

「いい女抱いて、いい車に乗って、いいとこに住んでいたって、中身が貧して鈍だったら、オレより下だ。

オレにも誘惑はあったが、汗をかくことを選んで素直に生きてきた、おかげで、こんな自由な生活に巡りあえた。うちの息子は欲と誘惑に負けて、汗より口先を選んで道を踏み外した。全くどうしょうもない…そう言えばアイツはどんな感じだ？」

「アイツって社長ですか…う〜ン、どうでしょうか、経営のことは…」と、言葉を濁した。

「ククッ、欲の塊も塀と一緒でいつかは崩れるからナ、オマエさんも気をつけた方がいいぞ」

ぼくは手にしていた湯呑の酒を一気煽ったらため息を吐きだしてしまった。

男はニヤッと笑みを浮かべ「図星だナ」と呟いた。

ぼくは口元を拭い「うちの社長とは此処のことでどんな話を…」

男はおもむろに壁際の小箱を引き寄せ、中から一枚の紙片を取り出した。

「家にある随一の世間とつながっとる証文だ、見てみ、ククッ」

― 木暮 殿へ

所有地の手入れ管理をすること。火災を出さない。売れた時は即退去する。

上記遵守するなら居住を許す。

1990 年 8 月 30 日 川野義男 ―

不動産屋らしくない覚書だった。一応、男の指の朱印は押されているが、不動産らしくない、効力無能、突っ込みどころ満載のメモ書きのようなものである。

うちの社長は宅建資格の指導塾をやっていたほど不動産書類には厳しかった。なぜこんな幼稚なものを…

ぼくが首をかしげていると、男（木暮さま）も可笑しそうに笑った。
「ハハハッ、ナッ、こんなんで、よく許可したと思うだろ？このときはな、もう、上り込んで二人で酒飲んでいたんだよ。アイツがその時に、口約束の代わりだと言って書いてくれた」
「社長からですか？信じられないですが…」
「そうさね、これを持っとけば、市の役人が来ても堂々と地主の許可貰って居るんだと言えば、問題ないからってな、それ以来市からはなんも来なくなった。
その辺は若いのに男気があったな、アイツは…ククッ」

自分が所有する不動産にこんなに軽率事をする人ではない。
ぼくは、どうも腑に落ちなかった。
「いや、全くの赤の他人に無償でこんなに簡単に…ちょっと信じられないです、他になにかあったんじゃないですか？」

「ああ、それは勿論だよ。最初顔真っ赤にして怒鳴り込んできたやつが、帰りは顔真っ赤にして笑いながら帰ったからな、ククッ…
あのナ、オレとアイツは帰還兵で闇市育ちだったわけさ、しかも、同じ闇市辺りを放浪していたことがわかって、そうかそうかなけなしのってな感じで盛り上がって飲みはじめたってわけだ。なけなしの金でマッチ棒買って、女の観音様拝んだ話とかよ、いやあ、あの晩は面白かったナ…

オマエさんには戦後なんてわかるまいが、兵隊さんて崇められていたものが、帰還したらただの敗戦兵だから誰も相手にゃしねえ。
闇市を放浪して、食うや食わずで闇市を放浪していた同志だよ。お互いの苦労も身にしみているからな…

アイツは不動産屋として成り上がったが、オレは家、家族を失い出稼ぎの末此処でバラック小屋暮らしだ。アイツはこんな山中で闇市を見た思いだったと思うぜ。
今にして思うと、アイツは勝手に住んでいることよりも（この野郎、まだ闇市から抜け出せないのかよ！）と、いう心低からの情を含んだ怒りだったように思うよ…戦後の秘めた魂とでもいうのか……」

ぼくの脳裏に社長の姿が浮かんできた。
本当は冷酷じゃなく温かな情のある人なのだろうか…
鍋にはネギの切れ端と白濁の汁だけが残り、若者と初老の会話の余韻を静かに味わっている。

先ほどからぼくの膝の上には猫が二匹丸まっている。
壁の時計を見あげると十四時を回っていたが、そうか、と思えるぐらい胸の内は意味もなく平常心に満たされていた、濁流であった谷川が翌朝にはさらさら流れているように。
ぼくは一升瓶に手を伸ばしていた。

「ぼくはこんな処で生活している人と話したのは初めてなんですが、普段はどんな風に暮らされているんですか？」

ぼくが一升瓶に手を伸ばしたことが、満更でもなさそうな表情で話された。
「そうだな、電気がないから夜も早いし朝も早い。それよか、こんなに人と喋ったのは十年前に、市の環境福祉課の奴らが来た時以来だから、オレが話すより、そっちが聞け」
「じゃあ、聞いちゃいます。収入源は？」
「春は山菜、夏はマムシにカブトやクワガタ、秋はキノコに木の実、冬は炭とマキ、そんな感じだな、それを里に持っていく。まあ、里ほどではないが、下のラブホのおやじがこの辺りの古株でそこに預けとけば、参道辺りに売ってくれる。年金は満額じゃないけど、それ以上にはなるナ、だからラブホの修繕なんかはタダでやってやる」

ぼくはぶら下がっている干物を指さした。
「そりゃあ、焼酎につけて、マムシ酒にする」
「幾らぐらいで？」
「だな、三千から四千ぐらいかな、参道の店では万近くで売っとるらしいがナ」
「川では？」
「さっき捌いとったのは、沢蟹だ。麓あたりの居酒屋かなんかでネエの、良い値で売れるからもっと持って来いって言われてるが、養殖しとるわけじゃないから、そうはいかん、でもそれが良いみたいだナ、後小魚はほとんど茹でて砕いて乾燥させて、犬猫の餌にしとる」
「でもこれだけの猫がいると、足ります？」

男はぶら下がっていた小魚を網の上に並べながら言った。
「だから、米味噌醤油とか一緒に乾燥餌は年金支給日に大袋を買ってくる。
万一足りなくなったら、川を漁ればなんとかなるもんだよ。

寝る子は育つって言ってな、動物は怪我したり困った時はおとなしく寝るもンだよ。
それで何とかなってくれるからよ、あんまし気にしてないナ」

男は、ハヤの干物だ、塩してあるからスルメと一緒だといったが、まあ、スルメには程遠く川苔みたいな匂いもしたが、酒の摘みとしては充分だ。
「他なんか聞きたいことあんのか？」と、男はゴロンと寝そべった。

ぼくも正直横になりたかった。深い話と炉辺の熱と日本酒のせいで、身体の体内からほてりが左右に揺れ始めていたのであった。でもその前に言っておかなければならないことがある。
「アノ、今日は此処で寝ていってもいいですか」

男は横になったまま目を丸くして、ヘヘヘッと笑った。
「いいぞ。眠くなったらそこの布団に行け、オレは此処で寝るのは慣れとる。まあ、オレは夜早いから勝手に寝ちゃうかもしれんが、気にせず飲んでてくれ」

ぼくもゴロンと横になった。数匹の猫が身体を押し当て丸くなった。
見あげた屋根の微細な穴で点滅していた光は無くなっている。もう外は真っ暗に違いない。

何処からかギャーと言う鳴き声がしてきた。
「今のなんですか？」
「ムササビ。前に植えた柿の実は全部やられた。マア向こうも大変だし、仕方ねえ…

おう、そこで寝ちまうと風邪ひくから、布団そっちへ持ってけ、それから飲め、案外こんなとこで寝ても寒くは無いンだぞ」
「そうですか、ランプは？」
「ン、寝るとき消してくれ……」

ぼくは布団で寝てた猫をのけて、囲炉裏の傍に運んで独り酒を始めた。
この人もこうして無言で独り酒を窘めていた年月を想うと、ぼくがお正月に此処を訪れたことは、それなりに意味があったかもしれない。
今頃ぼくは帰りの電車に乗っているはずであったが、まさか、こんな山中の掘っ立て小屋で寝泊まりする羽目になるとは、まさに一寸先は闇だ。世の中何に遭遇するのかわからないものだナ、と男の寝顔を見つめながら思った。

ランプを消して布団に潜り込むと、酔いに任せた睡魔が襲ってきた。
夢うつつのなか、布団に乗っかってきたり、足元から潜り込んでくる猫の感触を覚えた……

＊

ぼくは暑苦しさと息苦しさで目覚めた。
喉に猫が横たわっていて、布団もいやに重い、身を起こすと、布団から猫たちがぱらぱらとこぼれ落ちた。
布団周りにいる猫を数えてみたら22匹だった。
まるで野良猫大集合の図であった。多分、近親相姦の繰り返しでこうなったのだろう。

外からカチャカチャと食器を洗うような物音が聞こえた。
慣れぬ環境で飲み過ぎたのか頭が重く、ネコの頭を撫でていたら戸が開いて、冷たい朝陽がサッと差し込んできた。

「起きたか？」
「アア、おはようございます。なんか飲み過ぎたみたいです…」
「寒くなかったか？」
「いいえ、全然気になりませんでした。酒のせいかもしれませんが」

男は手にしていた洗面器を土間に置きがら呟いた。
「そうだろ。毛皮被っているようなもんだからナ」
猫たちは洗面器に首を突っ込みカリカリと音をたてはじめた。

ぼくは、酔いも残っていたが、せんべい布団の薄い温もりから抜け出せずにいた。
半身起こした状態のままぼんやりと餌に群がる猫たちを見つめていた。

お正月をこんな処でこうして迎えている…会社を辞め新たな年に期待感を抱いて乗船するのは豪華客船のはずであったが、木っ端船に乗ってしまいそうで、波止場を遮る靄のような不安が湧きあがってきた、こんな門出が新たな人生につながっているのだろうか……

耳に届くのは、台所代わりの沢のせせらぎと、木立の小鳥の囀り、たまに、カチャカチャと食器を洗う人工音が、なにか旅愁と哀れさを想わせた。
男は沢辺でなにかの具を切っている。

赤茶の犬が土間に入ってきて、板間に駆けあがろうとすると、男はすかさず声をあげた。
「ごろオ！」
太い声に制された赤犬はその土間に座り込んだ。

男が日々、此処で口を開くのは、ごろォ！の一声だけかもしれない。
昨夜も男の膝に猫が入れ代わり乗ってきたが、猫に対しては無言であった。猫たちの歳は様々だったが、この赤犬はとっくに青年期を過ぎていそうだし、この男だって病気にもなるであろうし、いったいこの先をどう考えているのだろう…と、つい、口についてでてしまった。
「もし…この先どうするんですか？」

男は切った具を凹んだアルマイトの鍋に放りこみ腰を上げた。
土間で壷のような入れ物から味噌を鍋に入れると炉に掛けてから、おもむろに答えた。
「この先か…フッ、なるがまま、残った動物はいずれ他の動物の餌になる、オレは動けなくなったらな…ちょっと着いて来い」

小屋の裏手からは一筋の小道が木立の中に分け入っていた。
男は歩きながら独り言のように口を開く。
「山ン中で独りで暮らしておるとな、感覚が砥ぎすまれて、ちょっとしたことにでも敏感になる。自然だけじゃなく自分の身体の体調とかこともな…」

「市の福祉課とか、そういった人は此処に来たことあるんですか？」

男は足を止め右手の柵に囲まれた平地を指さした。
「此処は畑、奥の柵の中には鶏がいる。最初は狐にやられて往生したよ、野菜なんか半分収穫できれば御の字さ、獲られたって罠で返してもらうから、お互い様だナ、ハハッ」

畑と言っても猫の額ほどに区分けされた畑であった。その真ん中に網を何重にも巻いた柵小屋が建っていた。柵の根本辺りはその狐の侵入を防ぐためだろう、石が積み上げられている。

男は痩せた大根を二本抜いた。そして左手の沢辺にもうけた、小さな池を顎でしゃくった。
「あそこで取ったハヤなんかを貯めとくんだ」
覗くと数十匹の魚が泳いでいた。

男は傍らの石に腰かけると煙管を取出し紫煙を吹き出した。
「でな、役場の連中は二回ぐらい来たよ。もうだいぶ前だ。
最初は此処を見つけた営林署の連中がチクッたらしい、使用許可はオヤジに貰ってたから問題は無いが、煩いのは住民課とか福祉課だったな、登録とか税金とか、やれ高齢者だから云々とか…もう鬱陶しいから、放っといてくれて言ったら、生活課の女子が時々伺いますって言うから、補助もいらん、もう来るなって、怒鳴ったらここ一～二年来ておらん。
アイツら人の家覗いて歩くだけで一生安泰だ、役所に面倒みて貰ってまでオレは生きようと思っておらんから……」

「住民登録は？」
「ハハッ、此処の住所はこうですって、言ってきたから、それだけは任せたよ。それやっとけば向こうもとりあえず安心だろうし、だがオレは選挙とか国勢調査なんて行政には一切協力せんから、どうすることやらナ…そうだ、あと一か所見せたいとこがある」

男はまた腰を上げて沢沿いを歩き出した。
山間の木立が途切れ雑木林の急斜面に突き当たった。そこに立てかけてある板を取り除くと、ぼくを振りむいて「穴だ、芋なんかの貯蔵庫だ」
なかを覗くと、藁の上に玉ねぎと馬鈴薯が積まれていて、人二人ぐらい楽に横になれそうな深さだった。

「ナッ、案外広いだろ、オレ、此処で寝るんだよ」
「そうですよね、雨宿りには最高ですよね」
「違う、最後にだ……」
ぼくは思わず男を見遣って息をのんだ。最後ってなんだ？まさか此処が……

男はニタって笑みを浮かべて恰好を崩した。
「そうさ、オレは此処で死ぬつもりだ。もう、どうしょうも無くなったらナ、此処まではなんとか這ってくる。死体なんてあっという間に動物が処理してくれるだろ、ハハッ、オレにはこういうのがふさわしい……」
男は戸を立てかけながら呟いていた「そっか、入口は小さめのほうがいいナ……」

一瞬、男が穴で朽ちていく姿が脳裏によぎった。
ぼくは、涙腺は弱いほうではない、だけど、男の姿は霞んでいった。

「ダメですよ、そんな考え、ぼく役場に言っときますから、ちゃんと普通に全うさせてくれますよ、そんな考えは絶対ダメです。自分から穴に入るなんて、これはお墓じゃないんですから！」

男は目を見開いて低く強い口調で言ってきた。
「絶対に言うな。ン？お墓だよ、オレのお墓だ、石は立ってないけどナ。
いいかオレの人生を壊す手助けをしたのは行政の薄っぺらい紙切れだぞ。残った人生は俺だけのモンだ！しらっと最後まで面倒看られて、火に焼かれたンじゃ、オレは往生できん！」

男はそう言い残し背を向けた。その背に打ち明けて損したみたいな怒りを感じた。
ぼくはトボトボと歩いた。途中、鳥小屋を覗くと五羽の白い鶏がコッコッと平穏なる日々を突っついている。
男が切り開いた畑には大根と菜っ葉とネギが弱々しく突っ立っていた。畑の端からはさらに奥へと樹木が切り倒され開墾途中のようである。

迷い込んだ浮浪者がただ雨露を避けるためバラック小屋を建てたわけではない。
あの男は失った故郷の地で死にたいのだろう。しかし、いくら老体にムチ打ち大量知力を尽くしても、岩手の故郷には程遠い。
瓦屋根の農家は掘っ立て小屋、広い農地は鼠の額、土塀の蔵は斜面の穴になった。

知らない人からすれば、ただの不法侵入浮浪者で、ああは成りたくないものだと誰もが思うに違いない。ぼくだって、早々と退散したかった、が、知ってしまった。
仮想故郷なんて切なくなってしまう……

小屋の戸は開けっ放しで味噌汁の匂いが戸口に充満していた。
「オウ、味噌お粥だけど食ってけ、酔い覚ましに良いぞ、ヘヘッ」
男はぼくを見あげて口角を緩めた。

「さっきのこと、聞かなかったことにします。オジサンの思うがままに、全うしてください」
男はフフンと満更ではなさげに鼻を鳴らした。
「途中まで送ったるからな」
「ええ、助かります。薬王院にも近そうだし、オジサンは初詣行くんですか？」
「そんなもん、無理だな…」
ヤッパリであった。無理と言う不可解な言葉の真意をあえて問いただすこともしなかった。

男の口角からは孤高の暮らしを覚悟した二筋の皺が深く刻み込まれ垂れさがっている。
久しぶりの訪問者の出現に、男の箍が緩んだのかもしれないが、終の棲家にしようとしていることはひしひしと伝わっていた。もう二度と逢うこともないだろうが、この先、もし男の訃報がぼくの耳に入ったら、ぼくは迷わず此処を訪れるだろう。そして、戸口の脇に咲いている黄色い花木を、斜面の男のお墓に捧げてあげようと思った。

ぼくは味噌汁雑炊を汗をかきながら掻き込んだ。
昨夜のごった煮といい、今の味噌汁雑炊といい、いつも安アパートぼそぼそ食べるでコンビニ弁当の数倍もおいしかった。それは結局、囲炉裏を囲んでこの男と食べているせいなんだろう。

囲炉裏に手をかざし、赤い炎をじっとみていると、なんでも優しくしなきゃいけないなみたいな気分になってくる、背中は寒いがエアコンの暖房にはない不思議な温かさだった。

「まだ雪は無いからいいですが、降ったら、もっと寒くなるでしょう」
「だな、去年は二月後半のドカ雪だったからナあれには往生したな、小屋がつぶれそうだったし、山蔭だから、夜も冷えるし今から薪も造っとかないといかん」
「風邪ひかないようにして下さいよ、もう少し厚手の布団を…」
「いいや毛皮を着て寝るから必要ねえよ、コイツたちのナ」
「エッ！猫の毛を剥いでいるんですか」
「まさかそんな可哀そうなことしねえヨ」

男は傍の猫を膝に落としてニタッと笑った。
「猫布団だ、昨晩そんな寒くなかったろ？」
「ええ、そう言われれば、ぼくは酒のせいだと思っていました」
「ハハッ、猫に埋もれて寝てるようなもんさ、寒いときは犬も入ってくるしな。
さて、そろそろ出かけるか、参道はもう人でいっぱいだぞ」
「本当にお世話になりました」

「なあに」と、男は立ち上がった。
ぼくは犬と男に先導されて雑木林に入った。来る時は気が付かなかったが、杉林に入ったすぐに道が二手に分かれていて、杉山の斜面をまくような小道を進むと、また雑木林となり、その木々の間から参道の連なった屋根が見えてきた。

「この道は山の物を売るとき使う道だ」
「どんな物ですか？」
「春は山菜、夏はマムシやクワガタ、カブトムシ。秋はキノコに量は少ないが栃の実、今はサカキだな」
「サカキって何ですか？」
「知らんのか、ホラ、神棚なんかに供える葉っぱ」
「ああ、はいはい、白いヒラヒラがついているやつですね」
「そうだ、薬王院でも使ってるらしいがナ」
男はちょっと自慢げに言った。

やがて道は畑のあぜ道に変わった、男は足を止め灰色の大きな建物を指さした。
「オレが言ってたラブホテルが此処だ、何でも買って売りさばいてくれる」
「理解者でもあるってことですかね」
「そうだ…ありがたいよ」

参道の嬌声やロープウエイの音が聞こえてきた。
男は、この辺でいいかと、足を止め振り返った。
「このまま、まっすぐ行けば参道に出られるからナ」

「はい、わざわざすみません、助かりました。うちの社長には元気でしたと伝えます」
「おう、余計なこと言うなよ。まだ生きてた、と、だけ言っとけ」と、背筋を伸ばした。

その姿は、まだまだ俺は頑張るぞと言っているようだったが、脳裏にふと男の歳がよぎって、ぼくは、なにか大切なことを忘れているような気がした…が、なにも思い起こせず、その変な間に急かされるようにペコリと頭を下げた。

「木暮さんも本当に身体だけは気をつけて…」
「本名で呼ばれたのは数年ぶりだァ」と、男はニタ～と口角を崩した。
ぼくは無意識に男の本名を口にしていたらしかった。
ぼくはもう一度頭を下げた。
男は、そいじゃあナ、と背を向けて歩きだした。
「有難うございました」

ぼくは、背を向けて歩き出した男の後姿をしばらく追っていた。
途中、赤犬がぼくを振り返って足を止めた。
男の低い声が聞こえた。
「ごろォ～」

＊

木暮さんと本名で呼んだことは、密閉されていた部屋の小窓をひとつ空けたような想いであったが、靴底に付着した泥のようなものは、まだまだ、残っていた。

空を仰ぐと刷毛ではいたような雲が高尾の峰を超え裏高尾へと流れていた。
あぜ道はそのまま蕎麦屋の路地につながっていて、高尾山の参道は着飾った老若男女の嬌声で溢れかえっていた。
ぼくは鳥居の縁石に腰を落としてしばらくぼんやりしていた。

参道を埋め尽くした人混みの頭越しには人工の暗い針葉樹の山壁が連なり、手前の渋滞国道沿いにはラブホテルの稚拙なネオンがまだ灯ったままであった。
高尾山は薬王院が鎮座し、野鳥の宝庫らしいが、こんな麓の環境も含めて、これが国定公園でいいのかとぼくは訝しむ。高尾山に捨てられた犬猫にも逢った。

この世のすべてに表と裏、光と影があるとすれば、人間社会にもそれはある。
ぼく自身も薄々感じていたことだけど、関わりたくも触れたくもない底辺らしきにぼくは一泊せざるを得ないことになってしまった。だけど掘っ立て小屋で寝ても凍えることも無かったし、チロチロ燃える炎を囲んで飲んだ酒は杯が進むし、凹んだアルミ鍋のご飯も美味しかった。

ああ見えてもあの男は潔癖性であった。沢縁の台所は整頓されていたし、背を丸めて洗っている様子はアライグマのようだったナ、と、素直にほくそ笑んでしまう。

普通、浮浪者は居が定まっていれば行政の援助が受けられる。だけどあの男はそういったものは排除する暮らしを選んでいた。
必要最低限の金銭はラブホテルのオヤジの胸先一寸だし、本来支払うべき地代家賃もうちの社長胸先一寸の決断で今に至っている。

あの男にとって、お金というのは情以外何物でもないことが垣間見ただけでわかった。
捨てられて迷いこむ犬猫を追い払わないのも情であるし、行政援助を断るのも世間への情であるし、あの猫布団が温かかったのも猫の情かもしれないのだ。

今頃、あの男は野良仕事ならぬ山仕事に取り掛かっているだろう、そして夜になったら痩せこけた猫布団に包まれて眠りにつくのだろう……
あの男は、ぼくが忘れかけていたことを、呼び戻してくれた。
それは、どんな境遇であれ、情ある生命は真の温かさを抱ける、ということだった。

ぼくは心底で頷きながら、ゆっくり山頂を目指す階段を踏みしめていった。
山頂の薬王院に手を合わせた後、見晴台の端であの男の住む辺りを見極めようとしたが、裏高尾からさらに奥へと黒々とした尾根と稜線に連なっているだけだった……

＊

帰りは京王線の各駅停車を選択していた。
裏高尾の大気に少しでも長く浸っていたかったからだった。
電車内の空気も各駅ごとに淀んできた。

千歳烏山を過ぎた頃ぼくはスケジュールアプリを開いて、1月6日に出社とした。
あの男を許した社長の情に興味が出てたし、思えばぼくは、社長との間に曇りガラスを立てかけ呼ばれたら上から顔を覗かせる程度で、まともに顔を向き合わせた覚えもないことに気づいた。

ぼくは、もう一度、心新たに、社長と真摯に向き合ってみようとした。
まして、闇市なんて紀元前のようなことを知る機会はこの先一生あり得ないだろうし、
裏高尾の管理人の報告をつぶさにしたら、社長は一体どんな反応をするだろう、と、
笹塚駅の階段途中で思わず笑みを溢してしまった。

＊

仕事始め、社内はぼくと社長だけで、新年の挨拶も裏高尾でのことも、社長しかいないので、ぼくにしては案外饒舌に報告していった。
身を乗り出し気味に報告に耳を傾けていた社長が一通り聞き終えると、頭の後ろ手で抱え、椅子を鳴らしてそりかえった。
「アイツはまだ居たの…ハハッ馬鹿なやつだよ」

そして思いがけないことを言ってきた。
「おい、新年早々こんなとこに居たら辛気臭くてたまらん。新年会に行くぞ」
「エッ、会社空けちゃっていいんですか？」
「バカ、正月明けに不動産に来るやつなんて、いねえよ」

社長は商店街を抜けて路地の一番奥にある居酒屋らしき暖簾をくぐった。
店内は店主が座る焼き場を囲むようなカウンターだけのこじんまりとした炉端焼きの店で、内装は全面焼杉の板張りで天井からは昔懐かし緑色の浮球がいくつかぶら下がっていた。
社長は店主と馴染であるらしく「今年も長生きしょうナ」と笑った。

「お互いにね、いつものでいい？」
「オウ、淡麗ナ」
どうやらここの主も闇市世代のようだ。

「正月だから、好きなもン頼め」
ぼくはでかいクルマエビを、社長はさらにでかい島ホッケを突っつきながら、真昼間からの冷酒での飲み会が始まった。ぼくも最初はぎこちなかったが、すぐに社長はあの男を炉端の網に乗せてしまい、塩を振り、胡椒を振り、裏表に何度も炙るがごとく酒の肴として、闇市話をメインにぼくと社長の新年会は裏高尾のおかげで盛り上がった。

社長がなぜあの男に居住を許したのかきいたところ「アイツがおれば山が荒れんし、金もかかんないからナ、ま、他の人間だったら追い出しとったけどな」と笑った。
あの男が話していたように闇市仲間の絆は強いらしい。
で、こう付け加えた「アイツも若ければうちで使っても良かったが、苦労した分、切株みたいなっとった…アイツはあそこ朽ちるな。人間苦労した分、苦労を隠すか、捨てる努力をしないと、ああなる。アイツは馬鹿だよ、背負っちゃったからな、ハハッ」

それ以外に仕事の話は口にしなかった。なけなしの金でマッチ棒一本買って、観音様拝見してて毛を燃やしたとか、闇市時代の与太話ばかりだった。
あの頃はきれいごと言っていたら飢え死にする時代らしい。ぼくがもしその時代に生まれ十五～六であったら、チンピラの下っ端だろうな、と、高笑いされた。

冷酒のビンを五～六本空けた頃だった、社長が不意に赤い目でぼくを見据えてきた。

「いいか、これからのこともある、このことは知っとけよ」
ぼくは社員だったと、すこし姿勢を正した。
「ハイ、なんでしょうか？」
「いいか、塵も積もれば山となる、って知ってるよな」
「ハイ、勿論」
「だが、それは嘘だからな。塵なんかどんだけ集めても、塵は塵だ。そこんとこ勘違いしてると、足元すくわれたり、貧乏神に好かれるだけだ、覚えとけ」

なんだかぼくを介してあの男にも叫んでいるような気がした。
ぼくがあの男の生きざまに感嘆していたことに社長があくまでもアイツは反面教師だからと釘を刺されたような気分になった。

言い終えた社長は一気に冷酒をあおって、だれとは無く呟いた。
「まったく、アイツは馬鹿だ……」

視線の端に社長が目尻を拭く仕草が映った。
社長は随分前に一回遭遇しただけの、あの男のことで涙をこぼしていた。
そして、煙いなァ、とかなんとか言いながら席を立って手洗いに消えた。

絆とか情は時をも超越して生きていることを知った。過ぎれば何とかではなさそうだ。

焼きおにぎりをひっくり返していた主がぼくを見てフンと笑みを浮かべた。
「涙腺弱いからな社長は。でも社長の言うとおり、こと、仕事においては…まったくだナ、オレもいつまで塵をかき集めればいいのかね」

備長炭の炎は澄んでいて煙っぽくない。あの男の囲炉裏は煙たかった。
今の話をあの男が聞いてたら、顔を背けながらこう言うんじゃないだろうか。
「群れなきゃ、塵じゃないだろ」

今頃、裏高尾のあの男は、固い赤い炎の煙たさに顔を背けながら、ちびちび、やっているに違いない。そして膝の上では猫が丸くなっているのだろう。
そういえば、あの男の見る夢はどんなものなんだろう…知りたかった！

あの男と社長の闇市時代の話によれば、一旗揚げるには何でもありの絶好な時代らしかった。
ぼくにもそんな泥のような欲望があったら闇市時代はまんざらではないと思ったが、残念なことに今は物も情報も福祉も整ってしまった令和の時代だ、あの男が頑なに孤高の暮らしを望んでも世がそれを許してくれないだろう。
山の所有者が社長でよかった。
そうじゃなければ、あの男は小屋もろとも行政から強制撤去され、どこかの施設にいれられて、日々、空蝉のように成り果てていただろう。

＊

木暮〇〇、性別男、年齢不詳、近親者不詳、本籍不明。
現住所東京都八王子市裏高尾〇〇……

あの男は斜面の穴(お墓)で眠りにつくという尋常ではない最期を描いている。
けれども、あの男を知った今、素直にそうあってほしい、そうなれるように居てほしいと、ぼくは心から願っている。
だけど、実際、どうなってしまうのかは、わからない。

知ることができるのは猫布団のみ……

了

猫雪

目覚めの空はごきげん悪く、曇天の雲は低く垂れさがり地表に冷気を送ってきた。
こんな底冷えのする日は身体も心も委縮し、沈んでしまいそうになる。
交差点の信号色が異様に鮮やかに目に映ってきたりする。

ぼくは、幼いころから母子家庭で育っていた。
下校すると工場勤めの母が帰宅するまで、晴れの日は、野山の自然相手に遊び、雨の日は本を読んだり絵を描きながら夕刻後に帰宅する母を待ちわびていた。
夕陽が牛の背のような神社の木立縁取り森の色が黒くなった頃、母は必ず帰ってきた。その夕刻の景色でぼくは小さな安堵感を覚えていたものだった。

でも、今日のような曇天や雨の日は夕刻との境がおぼろげで、母がいつ帰ってくるのかと不安にかられることも多々あった。
それは、ぼくが生まれて間もないころ、仕事を探すと家を出たはずの父さんは、そのまま戻らなくなったんだよ、と、母から聞かされていたからだった。

ぼくにとっての、待ちわびる、と、いう子供心はその環境の差によって雲伝の差が生じ、それは、誰も治すこともできないトラウマになり、それは、良くも悪くもその人の親の背を見て的と思われようが、自身の内的判断を信じることが随一の治療で救いであると思っている。

例え、他人から見たら、容易に、離縁、離婚をする奴と陰口をたたかれようが、その心底にある過去をいつも思考してあげようと努めてきたし、そのことを報われたいとも思わない。

何故ならぼくの出生場所が世間一般じゃなかったから仕方ない。
それは宿命であり運命であるから、どうにもならないし、逆らうことは幸せじゃないから。

大人になった今でも、ぼくの心底から母子家庭という口に出せない秘密めいた隙間風のような、寂しい気持ちは消え去ってはいない。それがぼくの生きる糧になっている。

＊

市街地を抜け半舗装の山間の道を走る頃には、ひらひらと粉雪らしきも舞いはじめてきた。
いくつかのカーブを過ぎると少し開けた集落があり、その北側の山襞にもたれかかっているような一軒の農家に着いたのは午後過ぎであった。

庭に乗り入れると、庭先の作業小屋から小柄な婆さんが顔を覗かせた。
ぼくは遺品整理士の名刺を渡し一通りの挨拶を済ませると、婆さんは、わざわざすまなかったねえと薄い笑みを浮かべながら作業小屋の中に案内してくれた。

「ああいったものは、骨董品とかにならんかね？」
三日ほど前に、作業小屋の不用品を始末したいが、金銭に変えられるものがあるか見てほしいとのことであったが、骨董品の定義は百年以上の歴史ある物品のことを指す、ただ古ければ骨董品では無い。

歴代の庄屋であったら、蔵にもそのような骨董品がころがっていそうだが、今日訪れた農家は蔵の代わりに崩れそうな作業小屋がある小規模農家のようで、内心、収穫なしだなと思いつつも、一応礼儀として置いてある物を検分させてもらう。

使い込んで色褪せ埃りをかむった、鍬や背負い籠に臼に竹製の大小の干し笊など、良く言えば、古くからの農家によくある民芸品的な農道具ではあるが、使い込まれていて傷だらけであった。

「これは骨董品とは違いますね、蔵できれいに保存されている特殊農道具であれば歴史民芸遺産にでもなるでしょうが、これは使い尽くした道具です、そう、ただ古いだけですね」と、呟きながら作業小屋から出ようとしたとき片隅に転がっている製麺機が目に留まった。
埃を払い－小野式－という文字を確認した。

「婆さん。良かったですね。これは買取できますよ」と、千円紙幣を一枚手渡した。
「最近まで使っていたんだよ。ヘヘッ、こんなものがねえ～」と、目元を緩めた。

他に目ざといものはありそうもなく、体も冷えてきて外を見ると舞っていた雪は、本降りになりそうな気配であった。チェーンは持参しておらず、長居は無用と作業小屋を出たところで、思い立ったように婆さんが言ってきた。

「実は、もう農家を止めようとね、小屋ごと、さっきの物も片づけてくれんかね？」
「小屋も解体ですか、もう農業はしないのですか？」

「そうさね、わたし独りじゃどうにもならんわ・・・・歳だしねえ、どのぐらいかかるモンなのかね～？」

予想外の展開になった。解体となればそれなりの紹介料を手にすることができる。
「そうですか、じゃあ、ぼくが懇意にしている業者に来させますよ。瓦屋根じゃないし，敷地も広いから養生も不要ですので、そんなに掛かりませんよ。安くなるよう交渉してあげますよ」
「そうしてもらえれば助かるがね」

婆さんが持ってきたお茶を飲みながらその場で契約業者に見積もり依頼の連絡を入れ、昨年亡くなったというご主人の思い出話に耳を傾けていたら、不意に何処からともなく数匹の猫たちが、ぞろぞろ集まってきた！

ぼくが目を丸くしていると、「アア、もうそんな時間かねエ」と、作業小屋に戻り、猫の顔が描かれている大袋を手にしてきた。
婆さんは大袋からキャットフードをイチニサンと数えながら、ひしゃげたブリキの洗面器に盛りはじめた。十六回目でお婆さんは大袋を閉じた。

どうやら、一握りが猫一匹分であるらしく、総数十六匹であることを理解した。
首輪の無い猫たちは押し合いへし合いで頭を突っ込んで乾燥餌を食べはじめた。
半数近くはまだ子猫のようだ。

「なんですか、この猫、野良ですか？」
「いや、うちの飼い猫だよ」

「それはそうでしょうが、家の中じゃないのですか？」
「うちは外だね」
「でも、冬なんか寒くありませんか？」

お婆さんは錆びた耕運機のほうに視線を投げた。耕運機の下に汚れた毛布が敷いてある。
「寝るときあそこの毛布で固まっているから平気さね」
「予防注射とか避妊集術とかは？」

お婆さんはさも可笑しそうに笑った。
「へへッ、もう遅いさね、こんなに増えちまったから、お金いくらあっても足りないね。どう？どれでもいいから、引き取ってよ。半分はまだ子猫だから、可愛いしょ～」

外飼いだから、近所の猫とも交際自由らしく、キジ、サバ、茶トラ、ミケ風、ハチワレ風、まったく、猫族大集合風の眺めだったが、お世辞にもきれいでも可愛いとも言えなかった。身体は細く、毛艶もなく、目やにそのままのも交じっていて、飼っているというより、野良猫たちに堂々と餌をあげているだけのようにも思えた。

この地方は温暖とは言えないし、山間で陽当たりもよくなさそうである。これから冬を迎えるというのに、作業小屋は隙間だらけだし、なにか、この猫たちの生い立ちが不憫になってきた。

そのなかに一回り小さなやせ細った焦げ茶色のハチワレ猫が目に留まった。

洗面器を囲む輪になかなか入れなったその猫は、ほかの猫が食べ終わったころ、やっと餌にありつけた。だが、二口ぐらいで食べるのをやめ、うずくまってしまった。

「この猫だけ食が細いから、ちっとも大きくなれないんだよ。いつも周りと離れて，ポツンとしているんだよ」
「なにか病気じゃないんですか？」

ぼくはお婆さんの口から－医者にでも見てもらおうかね－の一言を期待して言ったのだが、反応はなかった。
ぼくは、ぼくの足元でうずくまった、茶色の子猫の目やにを取り除いていた。

頭上でお婆さんの声がした。
「ねえ、アンタ。その猫は、一番人に馴れていて、大人しいのよ。どう？餌つけるから、引き取ってくれない？」
ぼくはそれには答えず、喉元を撫でてあげると、身を寄せてきて、「ぐぐるぐるる、ぐぐるぐるる」と、喉をいつまでも鳴らしはじめた・・・・
脳裏に離婚した妻と初めて出逢った時の光景が甦ってきた。

＊

二十年ほど前、確か春先のことだった。
コンビニの店先で人の輪があった。その内には子猫の死骸が横たわっていた。

コンビニの店主らしき人が言った
ーこんなとこで、いい迷惑だ、保健所に連絡するかー

見ていた金髪の若者が言った
ーいや、生ごみ扱いで、ビニール袋で出せば平気じゃないの？ー

ぼくは、思わず口にした。
「ぼくがやりますから・・・・・・」
自転車に縛ってあったタオルを手に取って、その非情な言葉と人ごみを押しのけ、
固くなった子猫の死骸をくるみ、さっさと裏手の空き地に向かった。

土は柔らかく、手で穴を掘りはじめたら、頭上で声がした。
「わたしも手伝います」
顔を上げるとさっきの取り巻きの中の一人であった。

二人で穴を掘ってタオルごと子猫を横たえた。
彼女は手で土をかき寄せると、近くに咲いていたタンポポを掘り起こしてきた。
「ン？」と、彼女を見あげると、小さな笑みを浮かべた。
「これ墓石代わり、猫ちゃんもさみしくないし」と、呟いた。
ぼくの心の中に、ポッとタンポポの花が咲いた。

「でも、いつかここも駐車場とかに、なっちゃうかも」
「コンクリートの下敷きなんて、かわいそうだわ」
ぼくたちは連絡先を交換して別れた。

二週間後だったと思う。彼女から電話があった。
「あそこ、工事してた・・・・」と、小さく言った。

ぼくたちはコンビニで待ち合わせて空き地を覗いた。ショベルカーが土を掘って均していた。
子猫のタンポポのお墓は跡形もなく土となって消えていた。
彼女は唇に指を押し当て、その瞳は怒りで潤んでいたが、ぼくは子猫は哀れすぎたけど、その一方でこれも世の常だから仕方ないのだと覚めた部分もあった。

彼女にカフェラテを奢った。
「でも、一時だって猫ちゃんは喜んでくれたよね」
「勿論さ、ホッとしたはずだよ」

この出逢いがきっかけでつき合いはじめ、やがて、ぼくたちは一緒になった。
町の郊外に新居も構えたのも互いに自然好きで動物を飼いたかったからであった。

数年後、ぼくは担当していた取引先の後押しもあって独立し、そのまま、雑貨の輸入会社を立ち上げた。会社は順調であったが、大手との取引を巡って、まだ早いから地味にという妻の助言を聞き入れず、手形決済に突っ走り、その大手の不意な倒産劇に巻き込まれ、金策に屈し会社は破綻した。
家族崩壊の非はすべてぼくにあった。

丸裸になったぼくにとって妻にしてあげられる最後の優しさは、哀願された、妻のやり直し人生を認め、一人娘の親権をも譲ってあげること以外、なにも残されていなかったのだ・・・・・・それからぼくの孤高といえばかっこいいが、淋しい人生が始まったのだ。

新居を構えてから別居するまではいろんな動物に囲まれていた。犬猫金魚にハムスターにアヒル、鶏・・・・その日々は会社も家族も平穏すぎる幸せに満ちていた。

離婚後、テレビを見なくなったのも、野外に出かけることもしなくなったのも、動物を飼おうなんて思わなくなったのも、すべて、過去の家族団欒期が甦ってきてしまうからであった。

それから十数年間は、大切なものを失った心の傷は癒えないまま瘡蓋となり。脳裏の隅に、心底に抱え、何とか生きているに過ぎなかった。
仕事も文筆も第二の人生を形成してくれるものではないことをぼくは解っている。細やかな夢らしき未来との間を行き来しているだけである。

ひとは第二の人生などと励ましてはくれるが、苦笑するのが精いっぱいで、日常に居ながらぼくは長期入院していたようなものであった。まして、この歳で終の伴侶など現れるはずもなく、ここ半年間、散歩しているペットたちを見るたびに、ぼくの残り人生と犬や猫の推定寿命とを並べ比べ、伴侶として飼うなら今しかないだろうなと思っていたのは確かであった。

＊

突然、山裾から一陣の寒風が吹きつけ頬で水滴が弾けた。
我に返って空を見上げると粉雪が舞い始めている。
ぼくは焦げ茶猫の頭をペンペンと撫でて腰を上げた。

「今夜は本降りになりそうだね」と、婆さんは餌の入った洗面器を作業場の軒下に移した。
どうせなら、もっと暖かい作業場の奥に置いてあげればいいのにと、内心思ったが、飼い猫に対して、なにやら一線を画意していそうだったので、あえて口にはしなかった。

ぼくは、婆さんに月並みの挨拶をすませると、急いで車に乗り込んだ。
バックミラーを覗くと、あの痩せこけた茶猫だけは、先ほどの場所にうずくまったままであった。ー変な猫だな、大丈夫かな、アイツー······

帰宅してからもあの猫のことが頭の片隅からから離れなかった。
婆さんから引き取ってよと言われたが、あの状態を見たら即答はできなかった。
目脂の多さ、痩せ方、食の細さ、動作などから、寄生虫か命にかかわる内的な病気を抱えているに違いないと思ったのだった。
もし、一時の感情で引き取っても、あの子猫は、その治療費に見合う寿命が得られないかもしれない。

言葉をしゃべれない動物の治療は選択した獣医次第であることは、過去の経験から学んだことであった。

結婚当時、飼っていたヒマラヤンの具合が悪くなり、病名は忘れたが、獣医は片隅のゲージに視線を移すと輸血を進めてきた。

「輸血ですか？」
「そうあの猫は輸血専用に飼育しているからね」
丸々と太りすぎた茶色の洋猫と目が合った。
「まあ、それで元気になるなら」と、承諾したものの、三日後に、あっけなく死んだ。
残ったのは高額な治療費だけであった。

ぼくの望みは、飼い猫の看護ではない。残り人生、平穏に添い遂げてくれる伴侶であって、穏やかなる人生であった。わざわざ病気持ちの動物介護人生を望んでいる訳じゃない。

離婚後のぼくからは、愛とか夢とか優しさとか団欒とか、そういった幸せ類の文字の部首さえも今は飛散してしまったままである。今更、その部首を探し拾い集め、再構築する気力体力もなく億劫でありすぎる。

言うならば、ぼくは牧場の牛か羊のように、変化の無い柵の内から外の幸せそうな観客を眺める方に自ら回っていたのである。
そんなぼくではあったが、柵の外に身をさらしてみようと思わせるきっかけが訪れた。
それは、やっぱり、異性との出逢いであった。

＊

数か月前の初夏、仕事は順調で趣味で始めていた童話一作描き終えて、家飲みしていたら、なにやら、羽化した蛾のように、無性に飲み屋街の灯りと水分が恋しくなってしまった。こんな気持ちはここ数年なかったことで、ぼくはつくづく創造畑の作物なんだなと思った。

創作が尽きて萎れかかると、水分を欲するようになる。しょぼ降る小雨に誘われて、街中に出かけたものの、知っているお店など皆無で、適当に入ったスナックには、まん丸の蛾のようなママさんがいて、しかもバツイチ同士ということで、ママさんは饒舌になったが、ぼくは夜の巷で飲むのは勝手がわからないしお世辞も正直になってしまいそうで、聞いてる傍から徐々に息苦しくなってきて、なにやら欲求不満な気持が貧乏ゆすりになりそうになって、早々と退散したら、粉雪が閑散と舞っていた。

これも一興だと独り言をつぶやきながら歩いていたら、DOMONという控えめなロゴが目に入った。建物はコンクリ打ちっぱなしの店構えで、ぼくはこういった素に近い自然素材に魅かれる癖がある。派手なお化粧よりも素っぴん、色彩柄のTシャツよりアースカラーの無地、同じ中身のお弁当を買うんだったら、白い発泡スチロールの器より木目の器入りの方が絶対美味しいと判断してしまう性分である。
この店構えならば、先ほどのスナックにいたような蛾はいないはずである。

ぼくはいそいそとドアーを引いた。やんちゃそうなボーイではなかった。
店内はグレー基調で落ち着いた雰囲気に満足を覚えつつ、こういうお店は場内指名でいこうと、即されるまま席に着いて直ぐに通りかかったスレンダーな女性を図々しくも指名した。

ミウというその女性はショートヘアーでスタイルはよく目元がはっきりした卵型の顔で美人であった、が、聞いた歳のわりには冷静さが垣間見えて、洒落た一輪挿しの百合の花と向き合っているようで、どうにも会話が弾まない、が、せっかくの外飲み、浮かんだ社交辞令を並べ、どうにか場も慣れ親しんだ頃、百合の花が甘えてきた。

「わたし明日バースデイなの。前夜祭ということで、小さいシャンパン、いい？」
「ぼく、はじめての客だけど？」
「だって、なんかいい人そうだし、失礼だったらいいけど・・・・」
そう言われたら返答に屈した。指名した客だし懐具合も瞬時に計算する。

しかしであった。
シャンパンで乾杯した後、彼女はほかの指名客のため席を離れ、十五六分で舞い戻りまた十五六分で慇懃なボーイが来て延長を催促する。結局三回ほど延長したが、ミウが席を離れた間は、壁のモジリアーノ紛いの絵画相手か入れ代わり立ち代わりのヘルプの小娘に自己紹介を繰り返していたら、嫌になって退散することにした。結局、シャンパンは馬鹿高く呆れかえったが、まあ、そこそこ楽しめたし勉強にもなった。

次に訪れた時は、ミウのことは頭にあったが指名なしにした。
その時、最初に笑顔満開で飛んできたのは、揚羽蝶でなく、てれんとした黄色いドレスをまとった紋黄蝶のようなケイという女性であった。

その黒髪はウエーブかかったセミロング、その丸顔の小さな富士山のような唇はよく動いた。

こちらから問うこともなく「二十三歳の子持ちダヨン！」と、言った・・・・ぼくはすごくイイ意味でこいつはアホだな！と、思った。いや思わせてくれたのかもしれなかった。

前回、指名したミウとのギャップがありすぎる。聞かないことまでスッカと喋ってくる。陽気なまま、馴々しく手に触れたりして、ツルンツルンだよと言いながらサラッと太腿に平気で手を導いたりしてきた。（後にそれは過剰演技と判明したのだが）その一触れの肌の瑞々さの記憶がその夜、ぼくの脳裏に刻み込まれてしまった。

低能風なキャピキャピギャルは好みではないが、ケイはキャピキャピ大人であった。スタイルだってお世辞にもスレンダーだとは言い難がったが、臼化粧で肌は白く、その肉感的な腕の先には小さな掌と幼児のような指がアンバランスすぎて可愛いかった。会話中も視線を泳がすこともなく、ぼくを見つめてきた。
好かれて指名を得る為であったとしても、その瞳の輝きと仕草からぼくはケイの天性の素直さを受け止めていた。
ケイと話しているとすべてが爽快なうちに片付くような気がする。

先に入った場末風スナックには蛾がいたが、ここには紋黄蝶がいた。
ぼくは、無口ではないが陽気でもない、人や話が合ったり酒が入れば饒舌にはなる（若干、天邪鬼っぽいとこはあるが）まあ、普通に近い男だと思っている。
好みの女性は、お淑やかな和風美人であったのに、正反対のケイに魅了されたのは、寄る年波そうさせたのか、離婚してから女性と話して爽快な気分になったことがなかったように思う。

ぼくはケイを指名に切り替えた。
ケイはまだ入店して日が浅く、指名客もそんなにいないからと屈託なく笑いラストまでついていてくれた。

以降、ケイからのハートマークスタンプメールが奔放に届きはじめ、ぼくも、誘われるまま同伴を含んで通い詰めるようになったが、胸の内に歳の差という温度差はいつもあって、見送られる時なんかふと寂しくなることもあった。

ケイは二十五歳の子持ちで、ぼくは還暦前のバツイチである。遊びでつき合うのならともかく、まじめにつき合おうとしたら世間的にも犯罪に等しかった。
ケイは子供がいるから、アフターのつきあいはできなかったが月に一度は昼間の時間を割いて、近場の観光地にドライブかねて出かけたりもしたが、男の性とはつらいもので三回逢ったら一回は愛したくなってしまう。

その思いが募り、ついに先週、昼間ランチをして二人でまったりする時間を取ってくれというメールを送った。
いつもだったら遅くても当日中に必ず返信メールが届くが、さすがに来なかった。
そして三日後、同伴の約束をしていた前日の深夜ケイからメールが来た。
怖かったが開けない訳にはいかない。

－　あなたにはお世話になっていて感謝しているし、すごく大～好きだけど、わたしはまだそこまでいっていないの、ゴメンネ－

ハートマークスタンプは無かった。

ゴメンネのたったの四文字をこれほど見遣って考えたことは生涯に無かった。
その意味を理解し、ぼくは携帯を閉じた。
ゴメンネは、今まで有難うございました。というケイらしいサヨウナラ言葉だと解った途端、ぼくの胃の底がストンと抜け落ちた！
嗚呼、淡い想いも期待も、蜘蛛の糸のカンダタか以前のような蛾のように、闇の底にくるくる、くるくると転がり落ちて行ったのである。

ケイの都合に合わせ仕事を調整し、羽菜チャン（ケイのこども）もいるし、金銭的負担にも答えてあげようと、ケイ名義の幸せ預金通帳のようなものを探し始めていた。

しかし、何のことはなかったのである・・・・嗚呼、蛾になった牛に戻ろう・・・・・・
（すご～く大好き！）というのは、夜の世界では、友達以上で恋人未満、ケイにとっては、いいオジサンで、いいお客さんだということに、いい歳こいて、今更ながら気づかされたのであった。

すべてが算段づくしだったと解っていて、深追いする若輩かナンパな中年男もいるであろうが、ぼくは、バツイチとはいえその類の男では無いと自負しているし、復縁という約束を信じ、妻子、身内に影響を与えまいと、当時会社を取り巻く非情な世に対峙したという誇りというものもあった。
結果裏切られたが、その体験は今のぼくの誇りでもある（ずいぶん寂しい誇りではあるが）このメールで正体が見えてしまった、今、ぼくの唯一の誇りをかなぐり捨ててまで追う女性ではない。

前妻はともかく一人娘にいつか分からぬが見せる顔もなくなってしまう。
ケイのことは、もう止めよう、連絡も取るまいとぼくは固く誓って、ケイからのメール履歴をすべて消去した。

窓を開けると金木犀の枝葉の陰に濃い黄色の小花がアブラムシのごとくたかり咲いている。これで一雨降れば小花は地上でもう一度橙の花を咲かせ、そして土になる。
ケイに送るつもりで購入してあったクリスマスカードを娘宛に使用しょうとも住所不明だし、部屋に漂い始めた金木犀の隠微な香りがケイご愛用の香りと脳内で交差して過ぎ去った。

窓を閉めて、ぼんやりしていると、なんだか、主から捨てられた野良犬が、過去の主の優しさだけを咥えて彷徨っていそうな心境になってきた。以前にも増して寂しくなりそうな年末はどうしたものかと思案を巡らすも、近くの日帰り温泉に浸かって一杯飲むだけの例年通りの大晦日を迎えることは、これで今年も確定した。

いい歳こいてクリスマスシーズンの策略めぐらす呑屋の女を追いかけるより、この際、温泉の湯でケイのことは、きれいさっぱり流して終わりにしよう。
そして、来年は、なにかペットを飼おう。その純粋無垢な温もりに接していれば無言生活も軽減され、文筆上にもいい影響が出てくるかもしれないと無理やり考える。
そんな選択の方がぼくにとって身分相応で相応しい。

＊

年が明けてから、より文筆（主に動物童話）に精を出し始めたが、それにつられるように本業の遺品整理の依頼が頻繁に舞い込むようになってきた。
でも、ペットを飼うことは忘れていたわけではない、ネットで里親情報やペット情報を覗いてはいたが、場所が遠方であったり、高額であったりとかで決めきれないまま、早十一月。忙しい中、作業場には遺品整理で手にした犬用の大型ゲージがどんと置いてある。

ぼくは性格的に犬派である。だが、一戸建てとはいえ賃貸である以上、犬は大家にバレバレになるから揉めたら面倒で到底無理だと思った。
それで、ターゲットを猫にしていたが、お金で動物を得ることに抵抗があったのである。

ぼくが生まれた田舎ではペットではなく、飼い犬、飼い猫であった。
それも近所で生まれた子供をもらってくるのが普通で、お金を払うなんて聞いたこともなかったからである。その観念がある故、いっそ、いつか、どっかの野良の子猫でも紛れ込んで来るかもしれない。そんな思いが頭にあったから、なおのこと実現に至らなく時が過ぎ去っていたが、ついに、今日、数時間前に、山すその農家で巡ってきた。

あの茶猫は難しいけれど、ほかに子猫は七匹ぐらいいたはず、できたら、エドガーアランポーの黒猫がいいのだが確か黒猫はいなかった。

最もあの時は痩せた茶猫に目が取られて他の子猫がどんな色していたのか記憶はない。

まあ、でも急ぐことはあるまい、心底猫を飼いたくなったら、あの婆さんの家に行けばいいのだから、と思う煮え切れなさの原因は削除までしなかったケイの電話番号の存在であった。ケイを想う未練がましい葛藤に幾度も悩んでいたのは、昨年末まで で、胃の底にあった期待感は落っこちていたものも、胸中の壁にはケイという文字を覆ったシールは依然として残ったままであったからである。

そんなある日のことであった。ポストに一通の封書届いていた。
なんだろうと封を開けてみた。
(貴殿が応募された、第203回、動物文学賞に『-Bee のこと』-が奨励賞に入賞となりました。つきましては‥‥)何度も読み返した。賞金云々とも綴られているではないか！

その一報はぼくの内で舞い踊り、ふわりとケイ未練シールの痕跡を余裕で覆い隠してくれるほどの大きさであった！ぼくは両手をあげて空を仰いだ！
青天眼沁心躍！ーとは、このことだ！

ぼくは離婚してから利益を追い求める会社勤めとはきっぱり縁を切って、自らの才能？頼みの、デザイナーとして生計を立てていて、傍らで自負していた文才をも試したくなり、詩や童話などをグラス片手にさえ書きなぐっていたが、この児童文学賞に応募していたことは、すっかり忘れていた。
この入賞通知は、籠っていた牛の眼前の柵が、不意に開かれたかのようで、同時にあれ程斜にしていた未来が巡ってきたかのように思えた。

＊

青汗雨読文筆のみ！
以前より増してワープロに向かう時間が長くなった。必然的に本業がおろそかにはなったが、それでも独り身の生活には支障は無かった。
思い起こせば、ケイと小便と消えるたったの 720mlの液体につぎ込んでいた金銭と時間の無意味さをつくづくと思った。

そんな数日後、童話のプロットの思案中にフッと、あの農家で遭遇した、焦げ茶猫のことが脳裏に浮かんできた。作品が認められ、グーグル検索で最初にぼくのプロフィールが表示され始めてからの高揚感がぼくの行動を後追いしてくれていたのだろう。
翌日昼過ぎに、車に段ボール箱を投げ入れ、あの山裾の農家に向かって車を走らせていた。

山裾の曲がりくねった道に入る頃には曇天となり、なんだかあの日と同じように雪が降ってくる予感がした。
農家の庭に車を乗り入れたら、作業小屋からあのお婆ちゃんが出てきた。

「おや、この前、解体業者さんが来てくれたけど、案外かかりそうね？」
「そうですか、ぼくの方からも、少しでも勉強するように言っときます。それと、今日来たのは、ホラッ、あの猫をもらいにきました」
「アラッ、そうなの！助かるわ、何匹でもいいのよ」

ぼくは苦笑いをしながら言った。
「いやいや、一匹だけで充分です。あの猫はどこに？」

「あ～あの弱い猫ね。さっきあっちに居たけど・・・・」 と、庭の隅にあるリヤカーに向かった。
後についてリヤカーの荷台を覗くと、身を寄せ合っていた子猫たちがわらわら動き出した。だが、あの薄茶の子猫は見当たらなかった。

「お婆ちゃん、あの焦げ茶の猫は？」
「アラ、いやだ、この子じゃない。あっというまにね毛色が変わってきちゃって、黒白になっちゃったのよ、ホラ、一番小さいでしょ、ねェ～」
「エッ、黒白になっちゃったの？」
ぼくは思わず唸ったが、確かにあの目脂と弱々しさはそのままだった。

「へえ～猫ってそんなに毛色が変わるんだ？」
「さあ？それは分かんないネェ、気にしたこともないし、猫だからネ～」
ぼくは苦笑しながらもそれも仕方ないだろうなと思った。
農家の外飼いなんて、都会の室内猫のように始終目を配っている訳じゃない。
ある意味でペットではないのだ。

ぼくの目に留めた焦げ茶のハチワレが黒白のハチワレになった。
色が濃くなった分前よりは存在感は増したような気もするが、その病弱そうな身体や目脂もその惨めさも更に増した気がする。
エドガー・アラン・ポーの黒猫のように凛としていればまだしも、なんだか、田山花袋の膝で丸まっていそうな病弱な黒白ハチワレ猫になっていた・・・・

それでも、屋内でそれなりに世話すれば少しは愛嬌も出てくるかもしれない。

ぼくは決心して、挨拶代わりに手を差し出すと、以前と同じように身を摺り寄せ、ぐぐるぐるる際限なく喉を鳴らしはじめた。

「段ボール箱は？餌も持っていくかい？」
「いや、全部用意していますから」と、口から出たのは嘘で、ただ此処よりかは、もっと栄養がありそうな餌を与えてあげよう、と、作業小屋の奥にある農協で売っていそうな地味な麻色無地の餌袋に目を遣りながら答えた。

「餌は何時頃に与えているのですか？」
「餌？気が付いたときさね、大体朝と晩だね」
猫は犬と違って細かく食べる動物だけど、ここでは犬と一緒のようだ。

ぼくは持ってきたダンボールにその黒白ハチワレ子猫を押し込んだ。
「よかったな、猫ちゃん！大事にしてもらうんだよ～」と、口にすると、お婆ちゃんは腰をトントンさせながら空を仰いで呟いた。
「今晩は本降りかもしれないね」

通りに出た頃にはお婆ちゃんの予言通り、フロントガラスにパン粉のような小雪が落ちてきた。急いでホームセンターに向かって車を走らせた。
こういう日はホームセンターの駐車場は慌ただしくなる。

ペットコーナーで迷った末、何種類かの、美味いらしい乾燥小袋餌とグルメになるらしい缶詰餌。気分転換できるらしいマタタビ棒。毛玉防止になるらしい猫櫛と蚤が寄り付かないらしい首輪などを購入し、駐車場でハタと気づいた！

肝心なものを忘れるところであった。
アイツは躾け外の外猫だから所構わず糞尿し放題に決まっている。部屋が悲惨な状態になるのだけは避けねばならない！

ぼくの部屋にゴミ箱は無い。コンビニ袋がドアのそばにぶら下げてあって、翌朝までのゴミは馴染のコンビニに戻してあげている。
常に有るべき場所に有るといったシンプルライフを心掛けている。かと言って潔癖症では無い、ゴキブリとか細菌や賞味期限とかも気にならない、四角い部屋を丸っぽく掃いて済ます日もあれば、コロコロとガムテープを使用し隅々まで夢中になる日だってあるのだ。

今回この猫（名前決めないとナ）を飼うことは新たな挑戦事でもある。
実際、帰宅するまでの間、いかにして外猫から室内猫に順従させるかを思案しすぎて偏頭痛になりそうであった。

フロントガラスのワイパーは、ヨカッタ、ヨカッタ、ケイのことなど、どうでもヨカッタ、ヨカッタ！と忙しなく雪を掃き続けている。

助手席の段ボール箱の中では、惨めな猫がミャアミャア鳴いている。
そのうち、鳴声は段ボールを引掻く音に変わり、ガムテープの隙間から猫の手が突き出たと思った瞬間、ズボッと、鼻先が現れ、目脂だらけの眼でぼくに気づき、再び鳴きはじめた。

仕方なく片手を伸ばして、指先で眉間を撫で続けていると、やっと静かになって、眼を閉じてくれた。

ボタン雪は、ビシャビシャとフロントガラスを叩き、ワイパーは摩擦音を立てて、ハッハッ！いいながら跳ね飛ばしていく・・・きっと今夜、こんな感じになるに違いない。

＊

ぼくの部屋に猫が来てほぼ一か月になった。
猫好きな読者の皆さんは農家の外で餌だけ与えられ、好き放題していた猫を室内猫にしようとしたらさぞや大変であったろうと思われるかもしれない。確かに初めての夜は普段一緒に居るはずの仲間を探し求め、アウ～ンアウ～ンと鳴きまくっていた。が翌日には何事もなかったようにぼくのベッドに潜り込んでくるのであった。

ぼく自身、来た日から一二週間はああだこうだと小姑のように前野良ネコと対決する覚悟ではあったが、なんと拍子抜け！
食事に水も溢すことなく、排尿排便は決められた場所できっちりこなし、室内で一度たりともおソソはしなかった。

オハヨウ・アソンデ・オヤスミ・オカエリナサイ、キモチイイデス・オソイジャナイノ・ゴハンタリナイデス・イマシアワセデス・ナニシテンノ？・チョット、フマンデス！・ソレナアニ？・ウンチデタヨ～！等々、なんやかんやでBeeと暮らして一か月、早、Beeの鳴声を人間言葉に変換できるまでになった。
そのうち、猫語辞典なるものも創作できるかもしれない。

しかし、読者の皆さんが興味があることは、（外猫だったから、外に出たがるでしょ？）
と、いうことだと思いますが、それがびっくり！ 予想外！
初めはぼくも信じられませんでした。

一般的に猫は家に付くと言います。住処が変わったら、その慎重さ故、見知らぬ外に出ないものだと思っていた。
ぼくの住む貸家の周りは常時近所にいる二匹の猫の縄張り内にあることは分っていた。もしそんな中に子猫のBeeが現れたものなら、傷だらけにされてしまう。それは、予防注射と去勢集術を済ませてから徐々にと考えていたものの、ドアーの外階段の狭い踊り場までは行くが、すぐに部屋に舞い戻ってしまう。抱きかかえ庭まで連れ出しても同じであった。

普通は最初じっと周りをうかがい、身の危険がないと思ったら脱兎のごとく飛び出して遊びふけるのが猫だと思って疑わなかったが、どうやら、Beeは違うらしい。

Beeと最初に出会ったあの日、Beeは目脂いっぱいでやせ細り、群れから外れて朽ちそうな段ボール箱の陰ににうずくまっていた。他の子猫がじゃれついても身を避けるような仕草をしていた。・・・・・今ぼくは勝手に思っている。
Beeは風雪やいじめに耐えなければならない環境に全く馴染めなかったのだろう。

外猫であれば虫や蛇など生肉でも勇んで狩り遊びにするから、粗末なカリカリより、刺身や焼き魚や猫缶をあげたらさぞや喜ぶだろうと、その様子を眺めていたら、なんと、排便の始末のように後足で砂をかけるしぐさをして見向きもしなかった。

Bee は少なめの乾燥餌を静かに食べ終えると、膝に乗っかってきて、二十分ぐらい毛繕いを続けはじめる。
猫缶よりカリカリ、人は好きだけど、お外は嫌いで、室内を好む、だけどオタクではない。ただ、内弁慶なだけで、その俊敏さは日に日に増していき、虫や蛇や蝶々の型紙がぶら下がった短い釣り竿が、部屋の隅にある壺に四～五本さしてある。

食事してウンチをすますと、視線を壺に投げかけ、そろそろ遊びませんか？と、せがんでくる。たまに、それを壺から抜き出し、口にくわえて持ってくる。
文筆中に相手にはできず、Bee の独り遊び場所を確保するため天井近くにわたり板を張り巡らした。

相手になれないときは、そこのなにか放り投げてやると、Bee は猛ダッシュで駆け上り、狩ったぞとばかりしっかり口に咥えてきて僕の足元に置く。ぼくはよくヤッタと頭をなでるとゴロンとお腹を晒す。それが遊び終了という暗黙の合図で、ぼくがベッドに入るまで、机下の布敷きの段ボール箱で丸くなっている。
ぼくがベッドに入り朝目覚めると足元でBee も目覚める。

昼間ぼくが出かけたら寂しいだろうと、ドアーの下部をくり抜き、階段の踊り場に通じるようにし、そこに、大型の猫ゲージを設置した。Bee のトイレ兼日向ぼっこの場所に加工してあげた。

室内に置いてあった猫トイレを撤去しても、糞を一個新たなトイレに置いただけで察知してくれて、ぼくが帰宅したそのエンジン音で、ニャアニャア（オカエリナサイ！）と鳴きながら、ゲージまで姿を現して迎えてくれる。

今や、Bee の毛艶はよくなって、目脂も消え、やせ細っていた身体はふくよかになって、前足は白黒に分かれ、肉球に黒の斑点をもち、一寸長めのまつ毛と髭を身につけた、可愛くも愛嬌ある白黒のハチワレ子猫に生まれ変わることができたのである。

ぼくはつくづくと思った。犬猫畜生だと考える人は人種差別も平然とするのだろうと・・・・出生の不遇はなにも人間世界だけのことではない。動物の世界にも起こり得る。

Bee は寒風吹きすさぶ農家の外猫に生まれてしまったことに病んでいたと思う。Bee は人間であったら、ごく一般的な家庭で生まれたかったのだろう。
Bee は我家に来てやっと、部活帰りに街角でハンバーガーをかじっている今風の素朴な女子高生風のようになれたのである。

＊

そんな Bee とぼくの住処は白壁造りの倉庫である。
十年ほど前、道に迷って桜満開の河川公園に出くわした。その遊歩道沿いにこんもりとした木立に囲まれたお屋敷があって。その隅に建っていた白壁の蔵と売却物件という看板が目に留まった。

当時住んでいた長屋貸家のお隣さんは何か新興宗教の信者らしく、朝夕のたびにドンチャラ、ドンチャラされて、ぼくは閉口していたのだ。

早速、売却物件の看板から連絡を取り、ぜひアトリエに使用したいなどと適当な理由で不動産屋のおやじと直談判し、白壁蔵だけを賃貸で借りることに成功した。

そこの庭は白壁の低い塀に囲まれ、白樫やクヌギ、モミジ、百日、紅梅、金木犀、などの大木が母屋と白壁倉庫の間にあるぽっかりとした庭を取り巻くように生い茂っている。ぼくが借りた白壁蔵はその庭沿いで、一階が駐車兼作業スペースで脇の鉄製階段から上がった二階が寝起きする住居スペースである。

南窓からは庭全体が見下ろせ金屏風ともみじの枝葉には手が届きそうな近さだ。金木犀が開花すると窓を開けただけで室内は妖艶な香りに満ち男の性を呼び起こされ困る。南窓の直下は今借りている菜園がある。

この物件は本来住居向けじゃなかったから、キッチントイレお風呂は自分で整備するという約束で借りた。
母屋から細い水道管を敷設し、簡易なキッチンを設置し、風呂は自由気ままな独り暮らし、近くにクリーンセンターの大浴場（200円）室内は屋根桟材むき出しの古民家風で、先日、Bee の欲求不満解消の為、天井下を走り回れるように、渡り板を張り巡らせた。

ぼくがパソコンに向かい、遊んでヨ！コールを無視していると、フンと鳴いて駆け上がり、そこを探索？したりして、たまにはそこで丸くなったり、だらしなく寝そべって、まだ終わらないの？と、パソコンに夢中のぼくを恨めしそうに見下ろしている。

ぼくだって一日中 Bee を膝に抱っこしている訳にもいかない。
そのことを説いても、ニャアではなく、フ～ンと納得したように鳴くだけである（Bee はめったにニャアとは鳴かない。ほとんどフ～ンとかフン、とか甘ったるい鼻声に近い）

日中、ぼくがたまに遊んでやるかと、ドアーを開けっぱなしにしておいても、猫じゃらしを手に誘い出そうとしても、階段下の踊り場から庭には絶対足を踏み出さない。
そして、恨めしそうにミャアミャアと鳴きはじめる（そう、ぼくを呼ぶ時にだけミャアと鳴く）
ぼくは仕方なく部屋に戻り、そのオリジナル猫じゃらしを振り回すと、猫が独楽鼠のようになって追駆けまわす。そして、遊び疲れるとぼくの膝に飛び乗ってきて、喉を鳴らしはじめ、やがて眼を閉じる。

そんな姿にぼくは、－まったく、Bee は内弁慶だね、いや弁慶のように大柄じゃないし乱暴者でもないから、ちっこい義経のほうかな？－などと話しかけると、ぼくを見あげて　―　フン、いいから黙って抱っこしていてよ　―と、ばかり、肉球をぼくの唇に押し付けるのであった。

そんなふうに過ごしながら、クリスマスシーズンを迎えた。
去年はケイと奮発したワインで飲んだくれていた。もしかしたら、メリークリスマス！というメールぐらいはと思ったがヤッパリ来なかった。
ぼくは、ソレデイイノダ！と赤塚マンガのセリフを口にしつつ、Bee にケンタッキーフライドチキンをプレゼントしたが、やっぱり砂をかけるふりをして口にせず、カリカリをカリカリカリカリ、たまにゴリッと食べていた。

元旦の朝、連絡が途絶えたままの娘からの電話もメールも年賀状も、やはり届かなかった。
二年前、(実家からママとマンションに引越しすることになった、新住所決まったら連絡するね)と、いう手紙が最後で、それ以降、留守電状態が続いて、連絡が途絶えていたのである。

離婚したとはいえ、娘だけとはしょっちゅう連絡を取り合い、逢って居酒屋にもいく関係だったが、お母さんにはパパと逢っていることは内緒にしていると言っていた。
多分引越しの折に送ったプレゼントや手紙あたりの存在から妻は気づいたのだろう。
親権を譲ったが、血は繋がっているのに不条理なこともあるものだと、お節料理代わりのマグロのブツ切を酒の肴に辛口淡麗の日本酒を飲みはじめたが、いうほど淡麗でもなく辛口の後味の方が舌に残った。

今の心境がそうさせたのかもしれないが、妻子と暮らしたのが二十年、独り暮らしで十三年、差が縮まってきた分、無念さも薄れてくるもんだろうかとソファーで横になり、正月らしくない曇天下の元、ほころび始めている紅梅をぼんやり眺めていたらそのままうつらうつらと眠ってしまった。

不意の重さと肌寒さで目覚めたら、ストーブの給油ボタンが点滅していて、お腹の上でBeeがスースーと寝息を立てていた。欠伸をし、お腹をゆすると、振り落されたBeeはフニャニャ!と一鳴きして、ウ～ンと鳴いたかどうか知らないが、目尻に涙が浮きそうなほど背を弓のようにしならせた。
その能天気な姿を見ていて、ぼくも今年はこんな風に生きられたらいいなと思う。

そのためには不安定なデザイン仕事だけでは心もとない、何か新しい仕事をと思考した。

世は少子化で高齢化社会すなわち世を去る人は多くなる。残される物も多くなる‥‥で生前遺品整理士の講習を受けネットにUPした。
それが大当たりで、十数万円の業務費をいただける遺品生前整理の依頼が舞い込むようになった。

その仕事ならではの恩恵もあった。
それは、親族一同不要とされた雑貨、小道具、骨董品などはぼくが引き取ることが多く、部屋の東壁にこしらえた棚にそれらが、ずらりと並んでいる。それをサイトで案外の価格で売れた。このへんはいい世になったものだと思っている。

昭和平成は勤勉働きの犬時代だとすれば、令和以降はたまに何かすればよい猫時代である。この先はモバイル触って世間を覗うだけみたいな、ミーアキャットか、同行動を繰り返していればいいようなハムスター時代になっていくだろう。

一個、五〜六万の会社ロゴマークで下手すれば1週間も時間を取られるデザイナーより、伺っておいしい空気の中なか、お茶をいただき、四方山話をしながら、生前遺品整理の余禄である、お宝探しのドキドキ感を覚えられるこの仕事の方が、ぼく的には楽しいし、文筆に割ける時間も自由に取れて、Beeという愛する伴侶ともお相手もできるというものだ。

ぼくは未だにカード式のガラケーを使用している。残高が無くなっても着信は届く親切さがよい。本来ぼくは情報を受け取りたくない、必要があればこちらから取りに行くからほっておいてほしい人間なのだ。

かといってスマホも持っている（忙しそうな顧客から、頼むからラインぐらい入れて置いてくれと言われたからである）物珍しさで一時スマホを使ったが、今は放置している。
スマホなんかは世界を凝縮させてくれるが、それに比例し使用者も脳も心身もどんどん横着に凝縮してしまう。たった十五六センチ四方の画面に勝手に入ってくるのは欲情報がほとんどで、アプリ業者がほくそ笑むだけである。

古今東西のお金持ちは、どんな時代も頭を使って、本心は明かさない、今もこれからもそれは変わらない。入金と支出で世が成り立っているとしたら、ぼくは支出組であるけれど、それが残念だとは思わないし、普通に働けば今は飢える時代でもないのだ。
ぼくにとって重要なのは生きていることのふつふつとした喜びと感動であって、それはモバイルの画面越しではなく、この星での日々日常の些細なことでもあったりする。

その日、晴れた成人の日の午後、いつものように膝にBeeを乗せたままで、春になったら書き溜めた童話を電子出版でと想いながら、黙々とパソコンを叩いていたら、傍らに置いてあったガラケーのメール着信音が鳴った。
覗くと、あのケイからだった！

ぼくは手を休め、ひと呼吸おいてから煙草をくわえ、その文面に目を凝らした。

― ヤッホー！ごぶさたァ～元気？わたしネ、やっぱ森チャンとじゃないと、素にな
れないみたいなの。また会いたいナ！ Ｇビルのシェルプールってスナックに移った
から ―

なにを今更！なんのこっちゃ！と思う。
友達以上恋人未満で遊ばれた経緯のあるぼくは冷静にならなければならなかった。
なるほど・・・・多分あの頃、ケイは他の客とも親しくなっていて、ぼくの誘いメールをき
っかけに、乗り換えようとしたのだが、思惑通りいかなくて、また、よりをまた戻したい
ってとこだな、と思わず苦笑してしまった。

マア、この辺は夜の世界ではよくありそうなことだろうけど、この厚かましさは、実にケ
イらしいが・・・・―さて、どうしたもんかねえ？―と、Bee にお伺いを立てると、Bee は
フ～じゃなくて、ニャッと小首を傾げた。
それは、慎重になされたら？の意味あいよりも、ご主人様に共感ですとも、良いんじ
ゃナイデスカ？と、いう肯定の仕草と鳴き方のように思えた。

―いいお客さんか―と、呟き、頭の中でケイとの過去を思い返してみた・・・・何があ
ったわけでもないな、それに、あの頃と違って今は Bee と文筆という生き甲斐も得て
いる。
それでも、文筆に行き詰った時や完了したときなど、無性に外で飲みたくなる時が
あるのは事実であった。独り居酒屋や気取った BAR は腰が落ち着かないし、こじん
まりしたスナック辺りがちょうどいい。

そこに知っている女性がいれば気兼ねもいらないし、いい気分転換にもなりそうだ。
文筆に生きがいを得て、ふられたケイ相手に好き勝手にお喋りできる馴染酒場が
一軒ぐらい持っていてもいいかもしれないな。

若いころであれば、身勝手なメールなど、ふざけんな！と縁を切っても構わぬと返
信するか無視するところではあるが、なんせ、人生後半に足を踏み入れると、まして、
一度は気を魅かれた女性からのメールは内容いかんに関わらず、ある意味貴重品
で、これはこれで、あえて、即ポイすることもないな。と、胸中治まって、近いうちにシ
ェルプールというお店にでかけ、ケイを誘った男の素性とケイの男を見る目のなさを
酒の肴にする口実ができたと思ったら、にんまり笑みが浮かんでしまった。

夕刻まで文筆をし、お餅入りの鍋焼きうどんを食べる。残っていた日本酒を飲みほ
して、ベッドに潜り込む。
腋の下で丸くなっているBeeを撫でていたら、連絡不通の娘のことが、胸中奥深くか
ら脳裏をすうっと掠めていって、避けるように寝返りを打った・・・・このことは、ぼくが
死ぬまで儚くも抱えていかなければならない悔やみきれない淋しさである。

調査を依頼し新住所を探し当てたとしても、親権という法律がある以上譲った限り
はどうにもならない。こんなことはヒトという動物だけがつくりあげた血の通っていない
仕組みである。妻への愛ゆえに親権を譲ってしまった男というものは、後々寂しく哀
れな独り身で一生を終えることになってしまう。

つくづくと思う。男は樹の年輪のごとく積み重ね成長する、伐採されて切株になって
も過去は残り、後は孤高に耐えて朽ちるのを待つだけである。

そんなことを思えば、昨年は猫を飼い、童話は受賞し、年が明けたら彼女から連絡があった。それは切株には、いい兆候であったが、だからといって芽吹いてくれるわけでもない。ただ、地表すれすれの切株と違い、文筆という作業に耐えるだけの高さはある切株のようだ、それがぼくの人生で自ら朽ちるのを早めるようなことはしまい。

この先、一人娘にも、Bee にもケイにも、感情に煽られたような余計な無理強いなどしてはいけないのだと心に言い聞かした。
そんな自身を鼓舞するためのに、何か良い四文字熟語が無いものかと夢うつつに模索していた・・・・・・

朝コーヒーを飲みながら水色の画用紙を半分に切って短冊にした。
筆ペンで大きく(晴汗雨読文筆)と書いた。
晴れの日は汗を流して仕事し、雨の日は本を読み、文筆に打ち込むべき。の、ぼくの為だけの創作熟語である。その短冊は一人娘の写真額の隣に張った。
それは、生きて此処にいるという一人娘への誓いでもあった。

＊

ケイが言っていたGビルは繁華街のほぼ中央にあったが、電飾看板は見当たらず、奥まったドアーを見つけ近寄り、控えめな筆記体を確認し、ドアーを引いたら、いきなりカウンター？のお店で居合わせた人全員からの視線を浴びることになって焦ったが、ケイが「森チャン、久しぶり！」といち早く飛んできてくれた。

ケイは、一森さんはドモンからのお客さんで、優しい、いい人なんですうーと、紹介してくれた・・・ぼくは過ぎたことを問いただすことはしないと決めていた、ママは知ってか知らずか、隣にケイをずっと座らせてくれていた。

銀座の一流どころのクラブで働いていたというママは、長身で南方オリエンタル系の目鼻立ちがくっきりとした面立ちで、いかにもクラブのママという女性であったが、それに似合わず洒脱で小気味よい性格であった。その趣向らしきもお店の内装から受け取れる。
全体が白基調なシンプルイズベストが徹底されている。カウンターの端に置きがちの派手な花器の代わり、カウンターの数か所に小さな一輪挿しに季節の花が添えられていたり、正面の壁には品のいいクリーンなグラスが調度品のように並べられている。

居抜きの内装そのままで運が良かったと言うが、それも何かの巡り会わせだろう。
ママの思うところは多分、品の良さ、位置への拘り、邪魔モノ排除、騒音排除、程好く儲かるお会計であった。それがシェルブールというプチ高級スナックであった。
地方都市にありがちな、一見小洒落た飲み屋は都会を意識しているだけで、店内のあちこちに綻びが見える。だが、此処は違った。ママの意向が色濃く反映された大人のお店で、ママ共々隙がなかった。

そのあたりはぼくの趣向にも一致していたから、以降、通いつめても苦にはならないなと思い、今日も閉店まで居ようかと思ったが、短編公募の締め切り日が迫っていることが脳裏にあり、その辺は以前と違って、自制心が働くようになっていた。
身体にアルコールが残っていたら、まともな文章が書けないことも体験としてあった。

「もう帰るの、次いつ来るの？」
「いつ来てほしい？」
「ウ〜ン、じゃあ、メールするネ」
「わかった」

こうして、再びケイとの関係が始まることになった。
ほろ酔い加減の帰り道、ぼくは、ふつふつとした充実感が湧いてくるのを覚えた。

＊

春先から本業である遺品整理の業務依頼が増え始め、書き溜めた短編童話を小説サイトに投稿する時間も取れなくなってきた。まして、パソコンは不得意である。仕方なく地域密着サイトで募集した女性に週一回通ってもらい打込み代行をお願いした。

その女性は風俗の店長を兼ねていて、大阪育ちで猫が大好きな快活な女性であった。空いた時間でいいですかと言ってきたが、こちとらそんなに量産できる才能は無い、願ってもないことで承諾はしたが、そのキー操作の早いこと！
まるで、リストのラ、カンパネラを弾くがごとく俊敏さで 30 ページの童話が 10 分で打ち込み完了と相成って、書き溜めていた童話や短編原稿の推敲に追われることになった。

そんな慌ただしいのに、ケイのいるシェルブールには週一二回と通っていた。

さらに、週に一度は同伴し、昼間には日帰り旅行をかねたドライブにも月一で出かけるようになっていた。行く先は互いに一致した。
温泉場散策や自然テーマパークだとか、美術館や博物館めぐりが主であったが、数回目に思い切って誘ってみた。

ケイは小首を一度傾げてから、ー本当に感謝しているし、気持ちもわかるけど、今は困るのが本音・・・・ー　と、相変わらずかたくなであった。
以前はーそこまで好きじゃないーと身も蓋もなく袖にされたが、今はー困るーと、幾分かトーンダウンしていて、強引にホテルにハンドルを切ったら可能であったのかもしれないが、予想外の軽蔑の言葉や眼差しが怖かった。

もっとも、歳の差四十近くのオッサンとわずかな金銭関係で肌を重ねるのは嫌悪感があって当たり前だろうし、そんな先の見えないオッサンとずるずる関係になってしまうなんて、本当に素直に困ってしまうだろうなと、誘った手前から理解できた。
それでも、そう答えた時のケイの表情と素振りには、最初に逢った時のような営業色は無く、その眼差しには、ぼくに対しての憐みのようなもの、そしてケイ自身の心の迷いも確かに見て取れた。
思い上がりかもしれないが、キャバクラ時代よりかは、情は通じあう関係になっているのかなとは思った。

シェルブールで合うケイの表情はいつも晴々としていて、その化粧も以前よりか控えめであった。

ドモンの店長から退職を迫られた時、ケイは、自ら今すぐ辞めますとあっさり言い切って、ドレスやキャバ女化粧と一緒に過剰なノルマや制約もすべてホールの席に捨ててきたらしい。
そんなケイのことを系列であった此処のママの眼に止まった。

「いい店でよかったね」
「でしょ！よかった、森チャンとまた会えて」
ケイはいそいそとぼくの隣にきて屈託のない笑みを浮かべた。

ぼくは人間の素というものが環境によって左右されるとしたら、その素は環境によっても見え隠れしてしまうという面白さがあり、そういった意味でのシェルブールというお箱は居心地はよさそうだ。
多分、ケイが他のキャバクラに移っただけでの再会であったら、ぼくのケイに対する心境の変化もなかったかもしれない。

シェルブール自体は値段も雰囲気も場末ではなくプチ高級スナックである。
女の子の身だしなみも、客層も、カラオケの無いところも、騒がしい野暮なお客をいっぱいですと断る所も、ママの性格と仕事への感性がそうさせているに違いなかった。
必然的に客層は談笑を好む、良いも悪いも地方紳士的振る舞いのお客さんたちばかりであった。

新参者である口下手なぼくが馴染めたのも、ケイとママの気配りと一種凛とした雰囲気のおかげでもあった。その一種凛とした雰囲気と言ったのは、誰もが知っているある大企業の社長さんの存在によるところが大きい。

白髪で恰幅ほどほどの背広姿のN氏の指定席は決まってカウンターの左端っこである。店が開いていれば、365日、19時頃からラストまで、和やかな表情で飲み明かしておられる。いつか、隣席の顔見知りの人が、ぼくに囁いた。
「あんな風に毎日なんて、普通の人はできないよな・・・・」

それは妻や家庭のことよりも金銭的なことを言ったのだと思うが、ぼくは思う、世の中には人それぞれ平等に立場というものがある、それはその人の過去の積み重ねでそのような立場に成り得ているからして仕方のないことで、隣の芝生が青く見える程度で酒の席で愚痴をこぼすなど、もっと自分の立場を愛しむべきだと思っている。

ぼくはバブル後半倒産したから、青く見えた芝が一夜にして枯れ果てたり、空き地になったり、整地されたりと、幾度も見聞きし、揚句バツイチになって、お金にはほとほと愛想が尽きた。残りの一生は自身の創造感性だけを信じて生きていこうと、で、今のぼくの立場がある。

お金は大切だが余計に要らない、すなわち、現代版、宵越しの金は持たない主義である。足りなければ働けばいいだけだし、いざという時は青々と茂ったわが日本国がある。極論を言えば、その為に税金を払っている。
ふざけた野郎だと思われようが、ぼくの立場はそうである。

シェルブールのカウンターの上座はN氏の席で、ぼくは挟まれると窮屈に感じる人間だし、立場的にも下座の端っこが居心地がよく、そこがぼくの定席になっている。
だからといって、N氏と談話するのを避けている訳ではない、N氏の立場にはその立場の方らしき客が挨拶に来たりするから、忙しないのである。

客が少ないときはこちらから出向いて隣に座ったりもするが、ぼくは素に言葉を発したりするから、その後、ケイから小声で注意をされたりもした。
常連さん、という言葉を斜目で見ていたような天邪鬼が常連になっているのは、まったく、ケイのおかげであった。

クリスマスシーズンに入ったある日もケイと同伴した。
レンガ歩道にあるビストロに入った。
産地ごとに盛られた生牡蠣と赤ワインをオーダーする。
目の前のケイはいつもよりお化粧が念入りに見え、その髪もカールがしっかりきいていた。

ワイングラスを傾ける仕草さえ、妙に色っぽく見えた。飲む仕草が歩道のクリスマスイルミネーションと重なり、ケイはずーっと満面笑顔だった。
時間はあっという間に過ぎていく、レンガ通りの樹木にはクリスマスイルミネーションの光の粒が舞っている。これからシェルブールに戻るより、今日はここで別れた方が印象的だなっとさえ思ってしまう。

お店に戻るとケイは黒いドレス姿に着替えて隣に座った。
ママを交えて飲みはじめ、賑やかになりだした頃、不意にシャネルの香りが耳元で漂った。

「森チャンはお店のクリスマスパーテイには来ないでしょ？」
「ああ、騒がしそうだし、どうしてもと言えば考えるけど・・・・」
「いいの、じゃあ、クリスマス後に来てね、渡したいものがあるから　」

「わかった。オレもクリスマスプレゼントはその時でいい？」
「いいわよ。楽しみ！」

ぼくはどんちゃん騒ぎのお店は苦手であった。ケイも以前と違って無理強いはせず、ぼくの性格も含めて趣向など、その辺は理解してくれるようになっていた。

街のクリスマス飾りはお正月飾りになってからシェルブールに出かけた。
ケイはブランド物に興味がなかった。ぼくは小ぶりの金色の腕時計を購入してプレゼントした。
お店でつけている金色の腕時計の色がなんとなく褪せているような気がしたからと付け加えると、「やっぱりそう思っていた？わたしもそう思っていたの買え時かなって、嬉しい！」と、しなだれかかってきた、髪はシャボンの香りがした。

「わたしも森チャンにプレゼントがあるの。欲しい？」
「なにくれるの？」

ケイはウフッと笑みを浮かべると、周囲に視線を走らせ、小声で囁いた。
「お正月、いつも五日まで子どもと一緒に実家なの、で、四日に森ちゃん家に行っていい？」
「えっ、俺んちに？子どもは？」
「だから実家に預けるから平気よ、お節、残り物になるかもしれないけど、持っていってあげるね」
「それは嬉しいけど車で来たらケイちゃんはお酒も飲めないじゃない？」

「平気よ泊まるから」
「えっ、泊まるって、俺んちに？」
「そう、朝まで一緒よ、森チャンまったり好きでしょ？それが、わたしからのクリスマスプレゼント、いらないの？」
「いいの？」

「ウン」と、ぼくの掌を握ってきた、その掌は熱く湿っていた。
ぼくの心境は穏やかではなく、一瞬、自問自答した。これって善いことなのかと‥‥

前妻と別れて二十数年、一時の女性との交あいはあったが、さすがに若輩者のように、ヤッタ～！などと表情を崩すこともできず、棚に整然と並べられているショットグラスやワイングラスに視線を流したが、注がれているケイの眼差しは熱っぽく、咽たふりして誤魔化した。が、ぼくの胸中は落葉樹の樹冠が一斉に天を仰いで万歳しているかのような気分であった。

葉っぱが落ちてしまってあとは枯れ果てるのみと自覚していたぼくにとって、春を予感させる有り余る未来への思いがけない贈り物であった。

＊

大晦日に消臭剤に枕カバーにベッドシーツにケイの好きなお菓子や赤ワインを買い込んだ。
元旦、娘からの年賀状もメールも無かった。その静かな事実をそっと胸の奥深く収め、気を新たに、じゃれつくBee を叱りながらの、ケイを招き入れる為の部屋掃除を始めた。

いつかTVで雌を招き入れる魅惑的な巣作りに精を出す雄鳥の映像が脳裏に浮かんできた。ぼくも同じようなものである。元旦から心躍るような掃除は初めてであった。
掃除機をOFF にしたら、ちょうど携帯のメール着信音が鳴った。

ー森チャン、ハッピーニューイヤー！今年もヨロシク。四日待っててネー
ー了解！今年もよろしくお願いしますー

いい年こいても新年はおめでたくなくてはいけない。
窓の外にはちらほら雪が舞い始めている。
週間天気予報は雪になるらしいが、ケイが訪れる日あたりのドカ雪だけは勘弁して下さいと、心から願った。

四日、目覚めたぼくは窓の外に目をやった。
マジか！舞っていた雪が気づかれないようにひそひそと落ち始めている。
部屋から見下ろす広い庭の敷地はうっすらとだが雪化粧をし始めていた。

ー森チャン、今日雪模様だから出かけられないゴメンネ！ーなどというケイからの残念メールの文字が脳裏をかすめた･･･

市内にいるケイがぼくの家に来る道は丘越えの曲がりくねった坂道があった。
これ以上雪がひどくなったら、さすがに平気だから来なよ、とは言えない。しかし、お昼になっても一向に雪の止む気配はなく、ひっそりしていた雪がこれみよがしに堂々と落ち始めてきた。

全くの牡丹雪だなと呟きながら、机の引き出しから猫櫛を取り出した。察した Bee は隣にきて手にしていた櫛に頬ずりをする。背中をすき終えると、今度はお腹をお願いとばかり、ニャッとないてゴロンと仰向けになって手足を広げた。

－今日は女の子が来るから嫉妬するんじゃないぞ－と、呟きながら、丁寧にBee の毛をすきはじめる・・・・十～五六の歳ぐらいの歳の差であったら強引にでも求婚したいし、その気骨もあっただろうが、さすが歳の差三十近くでは困惑するのはケイだけだ。結婚とは夢と未来を抱いて成るもので、ケイが四十歳になった頃、ぼくは下手すると死んでいるか病院のベッドかもしれないのだ。

それでも、今夜ぼくはケイを抱き、ケイはぼくに抱かれることは事実である。それが、営業，同情心、義理、一時の心の迷いから出た行動であったとしても、ケイ自身が決断したこと、すなわち、主導権はケイにあって、ぼくはすべてを受け入れるしかない。ケイという風船には純粋な空気が詰まっている、年月に侵された不浄な空気を混ぜ込むわけにいかないのだと思っている。

ぼくの風船はすでに劣化し始めているから、もし関係が継続するようであれば、ケイの為に耐えられるように、自分の風船を一生懸命、修復し続ける日々になるに違いない・・・・それでいい、ケイはぼくの人生最後の女性であることは確かだ。

それがぼくのエンドロールの始まりとなるのだろう。

前妻と別れてから、なにがしの用事で此処を訪れる人はいた。だが、部屋を訪れる女性などいなかったし、招いたこともなかったから、こういった時間つぶしはどうしていいのやら・・・・とりあえず、ケイと赤ワインを飲むときの曲をリストアップすることにした。

じゃれるBee を手で払いながら、CDを床に広げて考える。
雪夜の赤ワインに相応しいドピュシーのアラベスクかと思ったけれど、ケイの年齢を考えてアゼリン・デビソンのムーンライトシャドウならとセットする。この曲は童心に帰られる。雪が止んで月夜になったら最高の組み合わせだけど、意を決している雪はお構いなしに降り積もる。

時計を見あげるともう午後三時過ぎ。さすがに残念メールはないだろうと一安心。
今までぼくの食事場所はユーチューブを観ながらの机だったり、Bee をいじりながらのソフアーテーブルで済ましていたが、今夜はダイニングテーブルだ。
この日の為に古道具屋で見つけた、小ぶりで四角いオーク調のダイニングテーブルを拭きあげた。

そこを照らすのは、遺品整理で手にしたチューリップの花形のミニシャンデリアである。それを灯すと部屋の白壁とオーク色の梁とあいまって、なんとも英国風の雰囲気になった。こんなことに満足感を覚える性分だから、気が若いね～などと言われたりして満更でもない気分だったが、それは、呆れられの言葉であったと、最近になって自覚している。

部屋の片隅のゴミ袋が置きっぱなしであったことに気づいた。そうだったと、ゴミ袋をドアの外に出しはじめた時、車のエンジン音とともに窓辺がふわりと明るくなった。

＊

時計を見あげると約束の時間より早かった。
胸の高鳴りを抑え、窓辺に舞い戻って庭を見下ろすと、見覚えのある黒いＫワゴンが庭の端に止まっていて、ルームランプが灯り、なにやら後部座席を探っている黒服のケイの背が映った。

ーそんな端っこじゃなくて、どうせなら階段下まで車を寄せればいいのにーと、苦笑しながら見遣っていると、不意に、ニャア～と、階段下あたりから猫の鳴き声がした！

あわてて振り返ると玄関ドアーが全部閉まっていなかった。
Bee はその隙に外に出たらしかった。
「Bee～！」
階段下辺りに声をかけると、階段下の踊り場にいた。

車から降りたったケイは真っ黒なコート姿で、Bee の姿を見止めると、その場で屈みこみ両手を差し出した。
「Bee チャン！おいで、おいで！」
ケイは執拗に猫なで声で誘いはじめた。

ぼくはその様子を内心無理だよって思いながら、面白おかしく眺めていた。
なんせ Bee は晴れの日だって踊り場から外に踏み出さない臆病猫で、ましてこんな雪の中にと、声をあげようとした、その時、視線の端に庭に下り立ったBee の姿が映ったのである！

ぼくは内心、まさか？と、思ったが、Bee は積もった雪にも構わず、時々足に付着する雪をふりふりさせながらも、ケイに向かって歩を進めていくではないか。
それは、ぼくにとっては全くの予想外の光景であった。

ケイはしゃがんだままで辛抱強く待ちかまえていたが、傍に来た Bee を掬い取るように、抱き上げ素早くコートの内に納めて、どう？って感じな笑みを浮かべてぼくを見あげた。ケイはコートの内に納まった Bee に頬ずりをし、何やら囁やきはじめている。

不意に側道沿いが明るくなった。
側道の街路灯が夜中と勘違いしたらしい。そのオレンジ色の光は庭を取り巻く雪木立を縁取りって、なにやら白一色の庭全体がミカンの内にあるようで、その端から黒い足跡が点々と連なり、そこに黒コート姿でしゃがんでいるケイの姿はうずくまった黒猫のようだった。
雪はさらに大粒になってきた。

猫のことを話すと、女性は特に一見てみたいとか，連れてきて！一とか、一応、社交辞令でみんな言うけれど、思い起こせばケイと一緒に出掛けた温泉場なんかで猫に出くわすと必ずと言っていい程、腰を落として声をかけその場を動こうとしなかったケイの姿を思い出した・・・・

ぼくと猫はイーブンな存在ってわけかもしれない。

ケイがぼくに逢いに来た理由の半分は Bee にあったのかも知れないし、その、くだんのBee もケイに抱かれたいがために雪の中に足を踏み入れたかもしれない。
あの山裾の地で巡りあえたBeeは招き猫であったのかもしれない。

オレンジ色に縁どられた梢の下はぽっかりとした白銀の庭、その真ん中の黒い塊は黒猫のように見えてきた……思い起こせば、Bee に遭遇したときも、初めてドモンでケイに出逢えた時も粉雪模様であった、そして今その雪は先陣を争う勢いで降り注いでいる。

ケイも夜空を仰いで慌てて雪を払いながら立ち上がった。
そのコートのあわせ目からBee の顔が見えた。
「ネエ、すごい雪になってきたね！明日帰れるかナ？」
やっとかよ！頭に雪を乗っけたケイとBee の情けなさそうな姿を見て、ぼくは、なんだか可笑しくなってきた。

「大丈夫！今日は猫雪だから」
「エッ？フフッ、そうね。朝には止むよね」
「風邪ひくから、早く入んな！」
「ウン、サッ戻ろうね、Bee チャン・・・・」

降りしきる雪のせいで庭に残っていた黒い足跡が消えた。階段辺りにBee を抱えたケイの足跡が残ってはいるが、それもすぐに雪に覆われてしまうだろう。

ぼくの脳裏に過去の非の無い妻と非の無い一人娘のことが掠めていった。そしてみんなが未来の安堵を求め家族の団欒を大切にして、そこに戻ってくるものだろうと・・・・

ドアが開きケイの懐からBee が飛びおりて、ニャンと足元にすり寄ってきた。
ぼくはケイの頭に乗っかった雪を払ってあげ、両手でその身体をそっと包んであげた。
夫より子を選択したケイの温もりは、喉を鳴らす猫の温もりに似て素直で心強かった。

Bee は山裾の野良みたいな環境の中で出生してしまった。ぼくも山村で母だけに育てられ生涯の伴侶を得たつもりだったが食違いで破局してしまった。ケイだって迷う男に見切りをつけて我が子を選択した。その原因を口にすることは容易くとも、その心の襞は容易に開くわけでもないし開かれるものでもないのだ。

ぼくは今ふつふつと思っている。みんな抱えている分だけ強いんだ。先の心配だって、猫のように丸く身を寄せ合っていれば心の襞も緩んで帳消しにしてくれるかもしれない。

今日は猫雪だって言ったら、ケイも明日には止むよねって答えた・・・・
そう明日にはすべてが止むかもしれない。
今日の猫雪の真意はこれから伝わってくるさ、涙腺が弱くなるのは歳のせいかも、ぼくは、窓辺の猫のように目尻を拭いて、すっかり雪原になった庭を見下ろしていたら、背後からケイがぼくの肩に顎を乗っけてきた。

「なに見てんの？」
「庭の足跡あっという間に消えちゃった。明日は、白黒のブチ猫がわんさと降ってくるかも」
「フフッ、Bee がいるから？」
振り向きざま、ぼくはケイのおでこにキスをした。
ケイの瞳は猫のような線になった。

＊

翌朝、コーヒーカップを片手に庭を見下ろすと、庭は真っ白な布団になっていて、寄り添ってきたケイの温もりに、雪原に舞い落ちた一片の桜の花びらを想う。
でも、Bee は丸くなっていた。

了

Printed in Great Britain
by Amazon

23458596R00101